Oliver Ruoß

Der Himmel berührt die Erde

Oliver Ruoß

Der Himmel berührt die Erde

Predigten zu den Feiertagen des Kirchenjahres

Fromm Verlag

Imprint

Publisher:
Fromm Verlag
is a trademark of
Dodo Books Indian Ocean Ltd. and OmniScriptum S.R.L publishing group

120 High Road, East Finchley, London, N2 9ED, United Kingdom
Str. Armeneasca 28/1, office 1, Chisinau MD-2012, Republic of Moldova, Europe
Managing Directors: Ieva Konstantinova, Victoria Ursu
info@omniscriptum.com

Printed at: see last page
ISBN: 978-3-8416-0497-2

Inhaltsverzeichnis

Vorwort

Bei dem vorliegenden Büchlein handelt es sich um eine Sammlung von Predigten, die ich in den vergangenen zehn Jahren in den Kirchengemeinden Issum (linker Niederrhein) und Werden (Essen) gehalten habe. Ich danke den Menschen in diesen beiden Gemeinden, die mich in meiner Zeit als Pfarrer dort begleitet haben bzw. begleiten.

Seit langem bin ich „Jäger und Sammler“ von Geschichten, Anekdoten, Zitaten und anderem Material, das zur Veranschaulichung von Predigtgedanken dienen kann.

Ein wichtiges “Jagd- und Sammelgebiet“ hierfür sind Predigten, die ich selbst gelesen und gehört habe. So sind in den vorliegenden Predigten manche Anregungen und Gedanken anderer aufgenommen, ohne dass ich das jetzt in jedem Einzelfall noch nachweisen kann.

Die Bibeltexte sind der Lutherbibel entnommen (revidierte Fassung 1984, Deutsche Bibelgesellschaft, Stuttgart 2002).

Für diese Predigtsammlung habe ich Predigten ausgesucht, die an den verschiedenen Fest- und Feiertagen des Kirchenjahres gehalten wurden. Gerade an diesen Tagen werden wir besonders daran erinnert, wie der Himmel die Erde berührt hat. Predigt geschieht in der Hoffnung und Erwartung, dass dies auch heute immer wieder passieren möge: Dass durch alle menschlichen (und manchmal all zu menschlichen) Worte und Gedanken hindurch Hörerinnen und Hörer (und auch Leserinnen und Leser) etwas von Gott her vernehmen – dass auch bei uns der Himmel die Erde berührt.

Essen-Werden, im Januar 2015 Oliver Ruoß

Predigt über Lukas 3, 1-6*

Skandal im Gemeindehaus. Und ich habe ihn aufgedeckt. Vor dem Gottesdienst war ich drüben im Gemeindehaus. Und was habe ich da entdecken müssen: Für das Kirchenkaffee gleich stehen da Teller mit Gebäck und Süßigkeiten. Gebäck und Süßigkeiten – und das im Advent! Das ist wirklich ein Skandal. Oder gehören Sie etwa auch zu den Menschen, die in der Adventszeit Gebäck und Süßigkeiten essen? Nun ja, wenn ich ganz ehrlich bin: Ich tu es ja auch. Irgendwie gehört das für uns heutzutage dazu. Als ich die Kinder im Schulgottesdienst gefragt habe, was zum Advent dazu gehört, da war das eine Antwort, die ganz schnell kam: „Plätzchen!!" Früher, in der alten Kirche und im Mittelalter wäre das wirklich ein Skandal gewesen: Naschzeug im Advent. Denn ursprünglich war die Adventszeit eine Fastenzeit. Eine Fastenzeit und eine Bußzeit – genau wie die Passionszeit. Weil man gesagt hat: Durch Fasten und durch Buße wollen wir uns auf das Kommen Christi vorbereiten. Ich will Ihnen und mir selbst jetzt nicht die Plätzchen und Süßigkeiten madig machen. Sie haben meinen Segen dafür, wenn Sie beim Kirchenkaffee kräftig zulangen. Aber um das Thema „Buße" sollen wir uns schon ein paar Gedanken machen. Was ist Buße überhaupt? Hat das etwas mit uns zu tun? Der Predigttext handelt von dem Bußprediger schlechthin, von Johannes dem Täufer. Einer, der in die Adventszeit hineingehört. Weil er ja für die Bibel einer ist, der auf die Ankunft, den Advent Jesu vorbereitet. Und dabei eben die Menschen zur Buße ruft. Ich lese Lukas 3, 1-6:

Im fünfzehnten Jahr der Herrschaft des Kaisers Tiberius, als Pontius Pilatus Statthalter in Judäa war und Herodes Landesfürst von Galiläa und sein Bruder Philippus Landesfürst von Ituräa und der Landschaft Trachonitis und Lysanias Landesfürst von Abilene, als Hannas und Kaiphas Hohepriester waren, da geschah das Wort Gottes zu Johannes, dem Sohn des Zacharias, in der Wüste. Und er kam in

* *gehalten am 3. Advent 2004 in der Evangelischen Kirche Issum*

die ganze Gegend um den Jordan und predigte die Taufe der Buße zur Vergebung der Sünden wie geschrieben steht im Buch der Reden des Propheten Jesaja (Jes 40,3-5): »Es ist eine Stimme eines Predigers in der Wüste: Bereitet den Weg des Herrn und macht seine Steige eben! Alle Täler sollen erhöht werden, und alle Berge und Hügel sollen erniedrigt werden; und was krumm ist, soll gerade werden, und was uneben ist, soll ebener Weg werden. Und alle Menschen werden den Heiland Gottes sehen.«

1) Einladung zur Buße

Es ist wohl kein Wunder, dass es ausgerechnet der Buß- und Bettag war, der als erster kirchlicher Feiertag gestrichen wurde. Mit dem Thema „Buße“ kann heute kaum jemand etwas anfangen. Das Wort Buße kommt in der Alltagssprache nur in einem Zusammenhang vor: Wenn mir jemand nach dem Gottesdienst mit dem Auto über die Füße fährt, kann ich wutschnaubend brüllen: „Das sollst du mir büßen“ und ihm dann eine kräftige Ohrfeige geben. Oder ich kann ihn verklagen wegen Körperverletzung und er bekommt hoffentlich ein saftiges Bußgeld aufgebrummt. Wie auch immer die Geschichte ausgeht: Buße ist in beiden Fällen eine Strafe für etwas, was jemand verbrochen hat.

Wenn in der Kirche von Buße die Rede ist, dann weiß man oft nicht so recht, was damit gemeint ist, aber eins ist klar: Es ist auf jeden Fall etwas Unangenehmes, wenn man büßen soll.

Vor vielen Jahren beschwerte sich ein katholischer Priester aus Bayern beim Vatikan, dass die Bauern in seinem Dorf in der Fastenzeit Bier trinken. Aus dem Vatikan bekam er die Antwort: “Schick eine Probe von diesem Getränk, damit wir entscheiden können, ob das ein Verstoß gegen die Fastenregeln ist.“ Als die Bierprobe beim Vatikan eingeht, probieren die Kirchenoberen dort. Und weil sie nur süßen Wein gewohnt sind, finden sie das Bier bitter, richtig ekelig und schreiben dem Priester in Bayern zurück: „Die Bauern dürfen das Bier in der Fastenzeit trinken. Sie sollen dieses bittere Zeug als Buße trinken.“

Buße – man soll irgendetwas Unangenehmes machen, vielleicht als Strafe für die

eigene Schuld, vielleicht, um Gott gnädig zu stimmen. -
Von Johannes wird hier erzählt, dass er die Taufe der Buße zur Vergebung der Sünde verkündigt hat: Hier ist nicht die Rede davon, dass man fasten muss oder Bier trinken als Buße. Sondern Buße geschieht in der Taufe. Einmal im Jordan untergetaucht werden - das ist jedenfalls nichts sehr Unangenehmes. Johannes hat die Taufe der Buße verkündigt und praktiziert - was also ist Buße?
Ein junger Pfarrer hat in einer Predigt versucht, das zu erklären, und hat folgendes Beispiel erzählt: „Immer wenn ich einen Betrunkenen aus einer Kneipe kommen sehe, sage ich zu ihm: Du bist auf dem falschen Weg, kehre um!" - Nun ist dieser Satz etwas missverständlich, aber er sagt ganz richtig, was Buße bedeutet: Nicht als Strafe irgendwelche unangenehmen Dinge tun. Sondern: Umkehren. Das Wort, das Luther mit Buße übersetzt hat, heißt wörtlich: Umkehr. Buße tun, büßen, heißt: Ihr seid auf einem falschen Weg, ihr lauft in die falsche Richtung. Kehrt um, geht in die richtige Richtung.
Johannes verkündigt die Taufe der Buße: Die Taufe des Johannes ist Ausdruck dafür, dass Menschen umkehren von einem Leben, in dem Gott und sein Wille keine Rolle gespielt haben. Und dass sie Gott neu Raum geben wollen in ihrem Leben, sich zu ihm hinwenden. Und das ist auch zumindest ein entscheidender Aspekt unserer Taufe: Sie ist Ausdruck dafür, dass wir zu Gott gehören dürfen und gehören wollen. Dass wir uns auf unserem Lebensweg und auf unseren alltäglichen Wegen an Christus orientieren wollen. Nur dann hat unsere Taufe einen Sinn, wenn das für uns gelten soll: Die Hinwendung zu Gott. - Nun ist Buße, die Abkehr von falschen Wegen, die Hinkehr zu Gott und Christus nichts, was wir einmal, ein für alle Mal vollzogen hätten. Wir geraten ja tagtäglich, immer wieder auf Wege, die uns von Gott wegführen. Und da sind wir dann auch tagtäglich zur Buße, zur Umkehr aufgerufen. Martin Luther hat einmal gesagt: „Wir müssen täglich neu in unsere Taufe hineinkriechen." Und die erste der 95 Thesen, die die Reformation ausgelöst haben, die erste These sagt zum Thema Buße: „Wenn unser Herr und Heiland Jesus Christus sagt „Tut Buße", dann meint er, dass unser gesamtes Leben eine beständige Buße sein

soll.“ Nicht das ganze Leben lang fasten oder Bier trinken, aber immer neu zu Gott umkehren.

Buße, das wäre etwas sehr Unangenehmes, wenn Buße, wenn Umkehr heißen würde: Ich muss Gott immer wieder, jeden Tag neu hinterherlaufen, ich muss immer wieder neu die Distanz überwinden, die sich aufgebaut hat. Und wenn ich es einfach nicht schaffe, manche falschen Wege zu korrigieren, dann wird die Distanz immer größer. Buße, Umkehr heißt nicht, dass wir uns anstrengen, um bei Gott anzukommen. Sondern im christlichen Glauben und auch hier im Text funktioniert es genau anders herum: Der Text erzählt davon, dass der Heiland Gottes unterwegs ist zu den Menschen. „Alle Menschen werden den Heiland Gottes sehen.“ Weil Gott die Distanz überwindet, weil Er in Jesus uns Menschen hinterherläuft, deswegen heißt Buße: „Lauft doch nicht vor ihm weg.“

Sicher ist das manchmal stressig: Immer wieder sich Gott zuzuwenden, immer wieder neu überlegen: Passen meine Wege, meine Verhaltensweisen, meine Angewohnheiten zusammen mit dem Glauben an Jesus Christus? Buße tun in diesem Sinn, das kann anstrengend sein. Aber nur so ist und bleibt unser Christsein lebendig. Und so werden wir am ehesten etwas von Gottes Nähe erfahren: Wenn wir uns auf die Wege begeben, die Gott sich wünscht, auf denen er selbst unterwegs ist: Den Weg des Friedens. Den Weg der Vergebung: Dass wir andere um Vergebung bitten, wenn wir schuldig sind. Und selbst anderen verzeihen. Den Weg des Teilens, dass wir abgeben von unserer Zeit, unserer Kraft, unserem Geld. Wir sind eingeladen zur Buße, eingeladen, immer wieder neu auf Gottes Wege zu treten, weil er uns hinterherläuft. -

2.) Plattes Land

Der Niederrhein ist eine fromme, eine heilige Gegend: Hier ist es doch genau so, wie es in dem Text, in dem Zitat aus dem Propheten Jesaja gefordert wird. „Alle Täler sollen erhöht werden, und alle Berge und Hügel sollen erniedrigt werden.“ Es soll alles plattes Land werden.

Wenn Leute mich fragen, wie es mir denn hier in der Gegend gefällt, dann sage ich oft: „Ein paar Hügel fände ich schon ganz schön, ich habe lange im Bergischen Land gelebt, die Hügel fehlen hier. Aber fürs Fahrradfahren ist es natürlich sehr angenehm." Da, wo es flach ist, kommt man leichter voran. Im Bibelwort ist die Rede davon, dass alles platt gemacht werden soll und gerade, damit ein gerader und ebener Weg entsteht. Damit der, der da kommen soll, gut ankommen kann. Der, der kommen soll, das ist der Heiland Gottes. Als Christinnen und Christen glauben wir, dass das Jesus Christus ist. Und wir sind eingeladen, aufgefordert, ihm den Weg zu bereiten. Die Dinge, die stören, aus dem Weg zu räumen. Hohes soll niedrig gemacht, Niedriges hoch gemacht, erhöht werden. Diese Formulierung kommt in der Bibel so ähnlich öfter vor: Da ist dann die Rede davon, dass die Niedrigen, die erniedrigten Menschen, erhöht werden sollen. Und die Hohen, die, die oben stehen, erniedrigt werden.

Es ist sehr schwer, dass der Glaube an Jesus den Weg findet zum Herzen eines Menschen, der oben auf dem hohen Ross sitzt. Denn wenn ich der Überzeugung bin: „Ich bin toll, ich brauche niemanden. Vergebung brauche ich nicht. Ich bin doch o.k. und zufrieden mit mir. Trost brauche ich nicht, ich bin doch kein Schwächling. Ich vertraue auf mich und meine Kraft, auf mein Geld, meine Versicherungen, meine Intelligenz. Vertrauen auf Gott brauche ich da nicht." Der Glaube an Jesus ist nichts für Menschen auf dem hohen Ross. Und manchmal sind es erst schwere Erfahrungen, die einen vom hohen Ross runterholen und vielleicht dann auch offen machen für den, der da zu uns kommen will. Vielleicht geht das erst, wenn das Hohe erniedrigt ist.

Aber auch das Umgekehrte gilt: Wenn Menschen sich ganz niedrig, ganz klein fühlen, dann ist es für sie schwer zu glauben, dass sie wichtig sind, von Gott geliebt und gewollt. Ich habe eine sehr erschütternde Geschichte gelesen von einem kleinen Jungen, Friedrich, 5 Jahre alt. Der Junge kommt zum Arzt, und bei der Untersuchung macht er alles brav mit. Deswegen sagt der Arzt auch am Ende: „Du bist aber ein lieber Junge." Aber der Junge schüttelt den Kopf und flüstert: „Nein, bin ich nicht." Der Arzt sagt: „Doch sicher, habe ich doch gemerkt, dass du ein lieber Junge bist."

Aber der Junge sagt: „Nein, ich bin kein lieber Junge. Ich bin doch der böse Friedrich.“ Wie oft ist diesem Jungen wohl gesagt worden, was für ein böser Junge er ist, so dass er jetzt so von sich selbst denkt: „Ich bin der böse Friedrich.“

Hohes, Überhebliches soll erniedrigt werden. Auch bei uns selbst. Aber mindestens genau so wichtig ist, dass Niedriges erhöht wird: Ich denke, viele von uns kennen dieses Empfinden, dass das Selbstbewusstsein ganz klein wird: „Wer bin ich schon, was kann ich schon.“ Wenn mir Menschen, gerade auch in der Gemeinde, zeigen und mich spüren lassen: „Du bist wichtig, du bist wertvoll“ - wenn mich andere Menschen so aus meinen Tiefen herausholen und erhöhen: Dann kann ich es vielleicht auch besser und stärker glauben, dass ich für den Heiland Gottes wichtig und wertvoll bin.

Johannes sagt: „Macht das Niedrige Hoch und das Hohe tief, bereitet den Weg des Herrn.“ Dass dieser Herr wirklich kommt, wirklich ankommt, das können wir Menschen nicht machen, nicht bewerkstelligen. Die Menschen damals vor 2000 Jahren konnten nicht machen, dass Weihnachten wurde. Und wir können es heute nicht machen, dass er zu uns, in unser Herz hinein kommt. Oder in das Herz anderer Leute. Wir können das nicht machen. Aber wir können helfen, den Weg zu bereiten. Vielleicht manches Hohe erniedrigen. Und Erniedrigte erhöhen. Und wir können und sollen immer neu darum bitten: „Komm o mein Heiland Jesu Christ.“ Amen

Predigt über Jesaja 1, 3*

Schön, dass Sie da sind. So habe ich Sie vorhin am Anfang des Gottesdienstes begrüßt. Und das war nicht nur eine Floskel, sondern das war ganz ehrlich gemeint. Und ich hoffe, dass Sie sich auch freuen, dass ich da bin. Denn so selbstverständlich ist das ja auch nicht. Drei Gemeindeamtsleiter trafen sich einmal und unterhielten sich über ihre Pfarrer. Sie sprachen darüber, welcher von denen denn wohl der liberalste sei. Der erste meinte: "Mein Pfarrer, der ist so liberal, der hält sich gar nicht mehr an die alten kirchlichen Fastenzeiten. Der hat am Karfreitag im Gottesdienst ein dickes Steak verdrückt." - „Das ist doch gar nichts," sagt der zweite. Mein Pfarrer ist so liberal, der hat in der Karnevalszeit eine Polonaise um den Altar herum gemacht." - „Ist doch noch gar nichts," sagt der dritte. „Mein Pfarrer hat letztes Jahr an Heiligabend ein großes Schild an die Kirchentür gehängt: `Wegen Feiertag geschlossen`." - Also, wie gut, dass Sie und ich heute hier sind !!! - In der Predigt heute soll es um die gehen, die nicht da sind. Jetzt mach ich natürlich keine Gesichtskontrolle und teste, wer heute nicht zur Kirche gekommen ist. Nein, es geht darum, wer damals im Stall von Bethlehem nicht da war. Denken Sie mal kurz nach, wer ihrer Meinung nach im Stall dabei war. - Ich habe diese Frage in der letzten Woche den Jugendlichen in unserm Jugendkreis gestellt. Ich vermute, die Antworten stimmen weitgehend mit ihren Antworten überein: Maria und Josef natürlich und das Jesuskind. Die Hirten und die Weisen. Und Ochs und Esel.

Aber wenn Sie jetzt genau hierhin schauen (Die Krippenfiguren Ochs und Esel werden hervorgeholt und gezeigt): Ochs und Esel sind gar nicht da unten im Stall, sondern hier oben bei mir. Ich habe die vor dem Gottesdienst herausgenommen, quasi gekidnappt. Weil die nämlich gar nicht dabei waren. In der Weihnachtsgeschichte werden Ochse und Esel mit keinem Wort erwähnt. In den Krippendarstellungen, auch in der auf unserem Programmheft, da sind die beiden immer dabei. Wie sind die beiden also in

* gehalten Heiligabend 2007 in der Evangelischen Kirche Issum

den Stall gekommen? Zum einen gab es sicher die Mutmaßung: Wenn das Kind in eine Futterkrippe gelegt wurde, dann muss die ja auch irgendjemandem gehören. Ochs und Esel eben. Aber es gibt noch einen anderen, wichtigeren Grund dafür, dass Ochs und Esel in den Stall geschmuggelt wurden: Die beiden werden zwar nicht in der Weihnachtsgeschichte erwähnt. Aber an einer anderen Stelle in der Bibel: Beim Propheten Jesaja, über 700 Jahre vor Jesu Geburt: Da werden Ochse und Esel zu einem Beispiel, ja zu einem Vorbild für uns Menschen: Für das Volk Israel damals. Aber genau so auch für uns heute. Ich lese Jesaja 1, 3. Gott spricht dort durch den Propheten zu den Menschen: *„Ein Ochse kennt seinen Herrn, und ein Esel die Krippe seines Herrn. Aber Israel kennt`s nicht, und mein Volk versteht`s nicht."*

Wenn jemand zu mir sagt: „Du Esel" oder „Du Ochse" - dann fasse ich das im Normalfall als Beleidigung auf. Heute würde ich mir wünschen, dass man das zu mir sagen kann: „Du Ochse. Du Esel." Und ich würde das gerne über uns alle sagen können: „Wir sind wie die Ochsen, wir sind wie die Esel." Denn in dem Bibelwort werden die Tiere uns ja als Vorbilder vor Augen gestellt. Weil diese Tiere, so störrisch oder dumm sie vielleicht auch manchmal scheinen, doch wissen, wo sie hingehören. Dass sie zu ihrem Herrn gehören. Während wir Menschen das sehr oft vergessen oder verdrängen oder verleugnen: Dass wir zu Gott gehören, dass er unser Herr ist.

Ich weiß nicht, wie Ihnen das so schmeckt. Dass Sie hier mit Ochs und Esel verglichen werden und diese Ihnen sogar noch als Vorbilder vor Augen gestellt werden. Dass uns hier gesagt wird, dass Gott unser Herr ist – und wir ihn immer wieder verlassen, vergessen, den Gehorsam verweigern, nicht Ernst nehmen. - In der vergangenen Woche wurde eine Umfrage veröffentlicht, wie religiös die Menschen denn sind. Für mich überraschend viele Menschen haben sich da selbst als religiös eingeschätzt. Jetzt muss man allerdings fragen: Was heißt das überhaupt, religiös zu sein? Das Wort „Religion" heißt wörtlich übersetzt „Rückbindung", Bindung an eine göttliche Macht. Religion, jedenfalls christliche Religion, christlicher Glaube sind nicht irgendwelche religiösen Empfindungen an besonderen Tagen. Etwa eine besondere Weihnachtsstimmung. Nein, christlicher Glaube meint die Bindung an Gott, das Leben in Verbindung mit ihm. Dass wir ihn anerkennen und ihn in unserem Denken und Handeln Ernst nehmen. Dass wir versuchen, auf ihn zu hören und mit ihm zu reden. Und da trifft die kritische Aussage aus dem Jesajatext uns wohl schon. Oft genug passiert es mir jedenfalls, dass ich ihn außen vor lasse, vergesse oder verdränge. -

In dem Theaterstück von Wolfgang Borchert „Draußen vor der Tür" kommt eine ergreifende Szene vor: Ein Soldat kommt nach langen Jahren der Kriegsgefangenschaft in seine Heimat zurück. Und dann steht er vor der Tür seines Hauses. Er klopft, seine Frau öffnet die Tür. Der Augenblick, auf den er so lange gewartet, von dem er jahrelang geträumt hat. Aber als er seiner Frau in die Augen schaut, da merkt er: Seine Frau hat nicht mehr auf ihn gewartet. Sie hat jemand anderen. Der Platz im Haus und der Platz in ihrem Herzen ist anderweitig vergeben. - Jesaja sagt, dass es Gott mit uns Menschen ganz ähnlich geht. Wenn Gott existiert, wenn er unser Schöpfer ist – dann hat er auch ein Recht darauf, in unserem Leben mitzureden. Dann hat er einen Anspruch auf einen Platz in unserem Herzen. Dann ist er unser Herr. Aber oft genug vergessen wir ihn, fragen nicht nach ihm, Lassen wir ihn draußen vor der Tür.

Weihnachten erzählt davon, wie Gott auf diese Situation reagiert. Wie er auch auf unsere Ablehnung oder Gleichgültigkeit reagiert. - Als 1918 der letzte sächsische König Friedrich August III. abgesetzt wurde, da soll er gesagt haben: „Dann macht doch euren Dreck alleene." Gottes Reaktion ist das genaue Gegenteil: Nicht: Macht doch euren Dreck alleene. Sondern: Ich laufe euch hinterher, ich komme in euren Dreck, ich teile euren Dreck.

Ich möchte versuchen, dies zu erläutern mit Hilfe dieser beiden dreckigen Hemden. Eine Geschichte dazu: Ein Fürst in China lud einmal viele Gäste zu einem Fest ein. Einer der Gäste rutscht vor dem Palast aus und platsch – er fällt hin - genau in eine Pfütze. Er ist von oben bis unten bespritzt. Andere Gäste lachen ihn aus. Beschämt und traurig will er wieder nach Hause gehen. So kann er ja nicht zum Fest gehen mit so einem schmutzigen Hemd. Da kommt der Fürst aus dem Palast gelaufen und bittet den Gast: "Komm doch herein zum Fest. Deine schmutzigen Kleider stören mich nicht." Und als der Gast trotzdem nicht will, tut der Fürst das Unglaubliche: Er steigt selbst auch in die Pfütze. Er wird genau so schmutzig wie sein Gast, nimmt ihn an der Hand und führt ihn in den Festsaal.

Ich bezweifle, dass sich diese Geschichte wirklich einmal so ereignet hat. Aber sie kann etwas vom Weihnachtswunder verdeutlichen. Gott bleibt nicht oben im Himmel. Sondern kommt herab, herunter auf unsere menschliche Ebene. Im Kind, für das es keinen Platz in der Herberge gibt und das im Futtertrog liegen muss. Und in dem Mann, der aus diesem Kind wird, der Ablehnung, Spott, Einsamkeit, Folter und Tod erntet. In ihm wirkt und handelt und leidet Gott. Der große, unbegreifliche Gott kommt ganz auf unsere Seite, ganz auf unsere Ebene. In unsere Schuld und Versagen, in unsere Zweifel an Gott und unsere Selbstzweifel, in unsere Angst, in unser Leben und unser Sterben. Ein Gott, der im Himmel thront, weit über meinem Kopf - der ist letztlich bedeutungslos für mich. Aber ein Gott, der Leid und Elend und Not der Menschen teilt – eben durch dieses Kind im schmutzigen Stall - der kann mir nahe sein. - Die Geschichte von dem Fürsten vorhin macht eins sehr deutlich: Diesem Fürsten liegt ganz viel an seinem Gast, der ist ihm ganz wichtig: So wichtig, dass er bereit ist, sich schmutzig zu machen und in die Pfütze steigt. - Das ist doch eine, wenn nicht die Grundfrage meines Lebens: Für wen bin ich wirklich wichtig? Wer mag mich wirklich? Trotz meiner Macken, trotz meiner Fehler, trotz der Dinge, die ich selber an mir nicht ausstehen kann? Wer mag mich wirklich – eine ganz entscheidende Frage für mich. Weihnachten zeigt mir, dass Gott mich mag, dass ich für ihn wertvoll und wichtig bin. So sehr, dass er – bildlich gesprochen – bereit ist, sich wie dieser Fürst für mich schmutzig zu machen. Dass er im Kind in der Krippe und im Mann am Kreuz meine Lebenswirklichkeit teilt. - Die Bibel sagt, dass Gott unser Herr ist: Der Herr, den wir so oft vergessen und nicht ernst nehmen. Und uns damit störrischer als der Esel und dümmer als der Ochse benehmen. Aber eben ein

Herr, der seine Herrschaft nicht durchsetzt, nicht erzwingt. Der auch nicht beleidigt reagiert: „Dann macht doch euren Dreck alleene." Sondern der durch das Kind in der Krippe und den Mann am Kreuz zeigt, wie wichtig wir ihm sind. Und der einen Zugang zu unserem Herzen sucht.

In der Geschichte lässt sich der Gast vom Fürsten an die Hand nehmen. Er kommt mit ihm mit, weil der ihm gezeigt hat, wie sehr er ihm am Herzen liegt. Die Frage von Weihnachten ist, wie weit ich mich da an die Hand nehmen lasse und mitgehe: Indem ich im Alltag mir Zeit nehme fürs Beten, für das Reden mit Gott. Indem ich versuche, mehr zu verstehen von Gott, von Jesus. Dafür ist die Gemeinde da. Alleine komme ich da oft nicht weiter. Dafür ist z.B. der Gottesdienst da. Und wenn Sie den Eindruck haben, Sonntagmorgen, das schaff ich nicht oder da ist mir vieles so fremd - dann versuchen Sie es doch mal bei einem Abendgottesdienst. Oder bei dem Seminar Stufen des Lebens im Februar, wo biblische Texte sehr anschaulich für unser Leben erschlossen werden. Eigentlich können da nur 20 Leute dran teilnehmen. Aber wenn Sie alle kommen wollen, dann bin ich auch bereit, dieses Seminar 20 Mal durchzuführen. Also melden Sie sich ruhig an. -

Sie haben heute gelernt, dass Ochs und Esel gar nicht dabei waren im Stall. Ich möchte schließen mit einem Liedtext des Liedermachers Manfred Siebald, der so tut, als ob der Esel dabei war und der das Geschehen von Weihnachten aus der Perspektive des Esels erzählt. Hoffentlich ist der Esel aus dem Jesajawort ein Vorbild für uns – und nicht der Esel aus diesem Text:

Was hat wohl der Esel gedacht in der Heiligen Nacht, als er plötzlich die Fremden sah im Stall? Vielleicht hat er Mitleid verspürt, hat das Bild ihn gerührt, und er rückte zur Seite, sehr sozial. Vielleicht aber packte ihn die Empörung: Welch eine nächtliche Ruhestörung! Kaum schlafe ich Esel mal ein - schon kommen hier Leute herein.

Und dann lag da vor ihm das Kind, und er dachte: Jetzt sind es schon drei. Was ist das für eine Nacht! Da hält mir das Kind doch zuletzt meine Krippe besetzt. Und er *polterte völlig aufgebracht: Ich lasse ja manches mit mir geschehen, doch wenn sie mir an mein Futter gehen, dann ist's mit der Liebe vorbei. Und er dachte an Stallmeuterei. Er wusste ja nicht, wer es war, den die Frau dort gebar, hatte niemals gehört von Gottes Sohn. Doch wir wissen alle Bescheid und benehmen uns heut noch genau wie der Esel damals schon. Denn Jesus darf uns nicht vom Schlaf abhalten,nicht unseren liebsten Besitz verwalten. Doch wer ihm die Türen aufmacht, der hat jeden Tag Heilige Nacht.**

Amen

** Das Lied findet sich auf der CD „Zeitpunkte" von Manfred Siebald*

Predigt über Römer 8, 31b-39*

Vielleicht nerve ich jetzt einige damit. Aber beim Jahresrückblick heute muss ich sagen: Das Jahr 2009 war lange Zeit ziemlich mies. Erst am Ende lief es wieder gut. Und die Aussichten für 2010 sind jetzt auch nicht schlecht: In Deutschland im Moment an 3. Stelle, in Europa unter den besten 16. Gute Aussichten für 2010. Vor allem, da er dann wieder bei uns ist. Wenn er denn bei uns bleibt. Mit ihm in unserer Mitte werden wir bestimmt erfolgreich sein. - Haben Sie erkannt, um wessen Jahr 2009 und um wessen Perspektiven für 2010 es ging? Es ging um den FC Bayern. Nach einem schweren Jahr ist man wieder erfolgreich, und wenn 2010 Frank Ribery wieder mitspielen kann, dann werden wir bestimmt Meister und gewinnen die Championsleague. - Auch wenn man – für mich völlig unverständlich - kein Bayern-Fan ist, kann man den Gedanken wohl nachvollziehen: Wenn man jemanden auf seiner Seite, in seinen Reihen hat, der besonders stark, besonders fähig ist, dann kann man zuversichtlich sein. Die Bayern mit Ribery, die Quidditsch-Mannschaft von Gryffindor mit Harry Potter. Die CSU mit Karl Theodor zu Guttenberg – so schien es zumindest bis vor kurzem. Der 5Jährige, wenn er seinen starken 8jährigen Bruder neben sich hat. Ein besonders Starker und Fähiger, der auf meiner Seite steht, der für mich ist. Das gibt Mut. Paulus will uns solchen Mut machen. Er sagt: Gott ist für uns, Er steht auf unserer Seite. Ein ermutigendes Wort, gerade im Übergang in ein neues Jahr. Ich lese Römer 8, 31-39: *Ist Gott für uns, wer kann wider uns sein?* 32 *Der auch seinen eigenen Sohn nicht verschont hat, sondern hat ihn für uns alle dahingegeben - wie sollte er uns mit ihm nicht alles schenken?* 33 *Wer will die Auserwählten Gottes beschuldigen? Gott ist hier, der gerecht macht.* 34 *Wer will verdammen? Christus Jesus ist hier, der gestorben ist, ja vielmehr, der auch auferweckt ist, der zur Rechten Gottes ist und uns vertritt.* 35 *Wer will uns scheiden von der Liebe Christi? Trübsal oder Angst oder Verfolgung oder Hunger oder Blöße oder Gefahr oder Schwert?* 36 *Wie geschrieben steht (Psalm 44,23):*

* gehalten am 31.12. 2009 in der Evangelischen Kirche Issum

»Um deinetwillen werden wir getötet den ganzen Tag; wir sind geachtet wie Schlachtschafe.« 37 *Aber in dem allen überwinden wir weit durch den, der uns geliebt hat.* 38 *Denn ich bin gewiss, dass weder Tod noch Leben, weder Engel noch Mächte noch Gewalten, weder Gegenwärtiges noch Zukünftiges,* 39 *weder Hohes noch Tiefes noch eine andere Kreatur uns scheiden kann von der Liebe Gottes, die in Christus Jesus ist, unserm Herrn.*

1.) Gott ist für uns

„Ist Gott für uns, wer kann dann gegen uns sein." Ein starker Satz, der aber leicht missverstanden und missbraucht werden kann. Und oft geschieht das auch. Dann wird Gott vereinnahmt für die eigene Sache: „Gott mit uns", das war der Wahlspruch des preußischen Königshauses. Und man behauptete das auch, wenn man dabei war, aus Machtkalkül Krieg zu führen und Menschen zu töten. Gott mit uns, das stand auf den Koppelschlössern der deutschen Soldaten im 1. Weltkrieg. Gott mit uns, Gott steht auf unserer Seite, das hat George W. Bush verkündet, der meinte, seine Kriege seien ein Kreuzzug gegen das Böse.

Lloyd Blankfein, Chef der US-Investmentbank Goldman Sachs, hat neulich über sein rein auf Profit ausgerichtetes Verhalten gemeint: "Ich bin bloß ein Banker, der Gottes Werk verrichtet."

Es passiert leider viel zu oft, dass Menschen Gott vor ihren eigenen Karren spannen und den Namen des Herrn missbrauchen, indem sie sich auf ihn berufen, um die eigenen Interessen durchzusetzen.

Sympathisch fand ich im Gegensatz dazu einen Satz des demokratischen Kandidaten im Präsidentschaftswahlkampf in den USA vor 5 Jahren: John F. Kerry hat damals in Abgrenzung zu George W. Bush gesagt: *„Ich weiß nicht, ob Gott auf unserer Seite ist. Aber ich möchte mich darum bemühen, auf Gottes Seite zu sein."* Das wäre wohl ein gutes Motto für Politiker, aber auch für uns alle: Zu versuchen, auf Gottes Seite zu stehen. Und Gottes Seite ist bestimmt nicht da, wo die Armen der Gesellschaft und die Ärmsten der Welt vergessen werden oder die Bewahrung der Schöpfung aus

Bequemlichkeit oder wirtschaftlichen Interessen hintenan gestellt wird.

Die Behauptung „Gott ist mit uns, Gott ist auf unserer Seite", ist sehr mit Vorsicht zu genießen und zu gebrauchen. Aber Paulus gebraucht sie ja hier: „Ist Gott für uns, wer kann dann gegen uns sein?" Bei Paulus ist dieser Satz – anders als bei den Preußenkönigen – nicht triumphalistisch und überheblich, sondern tröstend. Es ist ein Trostwort für Menschen, die in ganz schwieriger Situation sind: Hunger, Verfolgung, Schwert werden in den nächsten Versen genannt. Menschen, die um ihres Glaubens Willen bedroht und unterdrückt werden, die anscheinend auf der Verliererstraße sind, bei denen es nur zu verständlich wäre, wenn sie fragen: Ob Gott überhaupt da ist? Ob er uns vergessen, ob er uns verlassen hat? Für solche Menschen, für angefochtene Menschen gibt Paulus den Zuspruch: Auch wenn es oft nicht so aussieht: Gott ist für euch, Gott ist auf eurer Seite. Dass Gott für uns ist, das erkennt man nicht daran, dass alles glatt geht im Leben, nicht an Erfolg oder Wohlstand oder irdischem Glück eines Menschen. Paulus sagt: Dass Gott für uns ist, das ist darin begründet und daran erkennbar, dass er seinen Sohn für uns gegeben hat. An Weihnachten, an Karfreitag und an Ostern können wir ablesen: Gott ist für uns. Dieses „für uns" ist nicht abgrenzend nach dem Motto: Gott ist auf unserer Seite und unsere Gegner sind die Achse des Bösen. Paulus sagt nicht: Gott ist für uns und gegen die und die. Gott ist für die Christen und gegen die Muslime, für die Gläubigen und gegen die Atheisten. Nein, für uns, das heißt letztlich: Für alle Menschen. Im Johannesevangelium heißt es sehr ähnlich wie in diesem Text. „So sehr hat Gott die Welt geliebt – nicht die Frommen, nicht die Guten, nicht die Gläubigen, sondern die Welt, alle Menschen – so sehr hat Gott die Welt geliebt, dass er seinen Sohn gegeben hat." Gott ist für uns – das ist ein ermutigender und tröstender Zuspruch, kein anmaßender menschlicher Anspruch auf Parteizugehörigkeit Gottes. - Wenn Gott für uns ist, sagt Paulus, dann ist auch der Gedanke an Gottes Gericht nichts Erschreckendes. *„Wer will verurteilen, wer will verdammen? Christus Jesus ist hier, der gestorben ist, ja vielmehr, der auch auferstanden ist, der zur Rechten Gottes ist und uns vertritt."* Nun ist der Gedanke an Gottes Gericht für die meisten Menschen ja

heute nichts Erschreckendes. Diese Perspektive wird meist völlig ausgeblendet. Aber dass geurteilt und verurteilt und manchmal auch verdammt wird, das kennen wir sehr wohl. Dass andere über uns urteilen. Dass wir selbst uns beurteilen. Wenn wir Bilanz ziehen über das Jahr 2009, dann ist das auch eine Form von beurteilen. Und beim Bilanzziehen werden wir beides entdecken: Manches, was wir gut gemacht haben. Aber auch manches, wo wir versagt haben, wo wir Mist gebaut haben, wo wir schuldig geworden sind. Wenn ich beim Bilanzziehen merke, dass ich hinter Gottes Ansprüchen und hinter meinen eigenen Ansprüchen zurückgeblieben bin – das ändert nichts daran, dass Gott für mich ist. Ein Satz, den ich meinen Kindern ganz oft sage, gerade dann, wenn ich mal schimpfen musste, der heißt: „Mama und Papa haben euch immer lieb – auch dann, wenn ihr mal was Blödes gemacht habt, auch wenn wir mal schimpfen müssen. Wir haben euch immer lieb." Genau das Gleiche gilt in Bezug auf Gott: Er ist für uns. Nichts kann uns scheiden von Gottes Liebe.
Vielleicht nicht immer, aber zumindest manchmal bin ich selbst mein härtester Kritiker, bin ich mir selbst der strengste Richter. Ich finde da einen Satz sehr tröstlich von dem Theologen Hans Joachim Eckstein. Vielleicht nehmen sie heute aus der Predigt diesen Satz mit. Er lautet: „Wenn Gott für dich ist – wie kannst du dann gegen dich sein?" Noch einmal: „Wenn Gott für dich ist – wie kannst du dann gegen dich sein?" - Gott ist für uns. Das war das erste und jetzt noch:

2) Gewissheit

Der Übergang in ein neues Jahr ist eine Zeit der Ungewissheit: Wir wissen nicht, was uns das neue Jahr bringen wird. „Die Zukunft liegt in Finsternis und macht das Herz uns schwer"- so heißt es in einem alten Volkslied. Paulus spricht von Gewissheit. Und vielleicht klingt es erstmal ziemlich vollmundig, wenn Paulus sagt: "Ich bin gewiss." Deswegen ist es wichtig, genauer hinzugucken, worin Paulus gewiss ist und wo auch wir gewiss sein dürfen. Es ist nicht die Gewissheit des Fundamentalismus. Fundamentalismus ist eine Denkweise und Mentalität, wo man die eigenen Überzeugungen absolut setzt und nicht mehr in Frage stellen lässt. Die Bibel ist vom ersten bis zum letzten Buchstaben Gottes ganz direktes Wort und alles ist in wortwörtlichem Sinn wahr. Und wenn die Naturwissenschaften sagen, dass die Entstehung der Welt etwas länger als sechs Tage gedauert hat, dann haben die Naturwissenschaften eben Pech, dann irren sie. Wenn ich alle kritischen Anfragen ausblende und verbiete, dann kann ich vielleicht eine Art Gewissheit haben für meine Überzeugungen. Aber mit Fundamentalismus werde ich weder der Bibel gerecht, noch dem Gebot der intellektuellen Redlichkeit. Und ich isoliere mich von meinen Mitmenschen, wenn ich die Überzeugungen, die Fragen und Anfragen meiner Mitmenschen gar nicht an mich heranlasse. Und da wird es dann auch ganz schwierig, andere zum Glauben einzuladen.

Gewissheit heißt nicht in solchem fundamentalistischen Sinn: Ich weiß alles, ich habe auf alle Fragen eine passende Antwort. „Ich bin gewiss", wie Paulus es hier sagt, das bedeutet: Ich bin und bleibe bei Gott geborgen, trotz aller Dinge, die das in Frage stellen mögen. Weder Hohes noch Tiefes, und auch nicht meine Fragen und mein Zweifel und mein Kleinglaube kann mich von Gottes Liebe trennen. Gewissheit heißt nicht, dass mein Glaube so stark und fest und unbeirrbar ist. Selbst wenn das jetzt so der Fall wäre: Ich kann doch nicht dafür garantieren, dass das im kommenden Jahr, ja, dass das in der kommenden Stunde immer noch so wäre. Gewissheit kann es nur geben, wenn sie nicht in mir und meiner Glaubensstärke begründet ist, sondern allein in Gott.

Ich versuche, das mit einer kleinen Geschichte in zwei Varianten etwas deutlich zu machen.

Ein Bauer geht mit seinem kleinen Jungen in die Stadt. Unter anderem kaufen sie für die Mutter eine schöne Vase. Sie ist sehr kostbar und zerbrechlich. Aber der Junge sagt: „Ich bin so stark und geschickt, ich werde die Vase sicher nach Hause tragen." Und lange geht es gut, der Junge ist wirklich stark und geschickt. Aber auf einem Waldweg stolpert er über eine Wurzel, fliegt hin, die Vase plumpst auf den Boden und zerbricht in tausend Stücke.

Nun die zweite Variante: Der Bauer geht mit seinem Sohn in die Stadt. Sie kaufen viele Sachen ein, unter anderem auch eine schöne, kostbare Vase für die Mutter. Der Bauer gibt dem Sohn zwei Einkaufstüten zum Tragen. Er soll ja mithelfen und Verantwortung übernehmen. Aber die kostbare, zerbrechliche Vase trägt der Vater. Er sagt zu seinem Sohn: „Auf dem Weg kann man leicht stolpern und hinfallen. Deswegen trage ich dieses zerbrechliche Teil.“ Und der Junge sagt: „Das ist gut, Papa. Dann kommt sie auch bestimmt heil zu Hause an und ich muss mir darum keine Sorgen machen.“ Auf dem Waldweg stolpert der Junge über eine Wurzel, er fällt hin. Das tut weh. Aber er steht wieder auf. Die Vase ist heil geblieben, sie ist in der Hand des Vaters. Und sie können sie zu Hause der Mutter schenken.

Nun kann man vielleicht über manche pädagogische Aspekte dieser Geschichten diskutieren. Aber ich denke, sie machen etwas klar in Bezug auf die Frage nach der Gewissheit. In der ersten Variante ist der Junge sich ganz sicher, die Vase heil nach Hause zu kriegen, weil er sich auf seine Stärke und Geschicklichkeit verlässt. Und das geht auch lange gut. Aber dann stolpert er und die Vase zerbricht. In der zweiten Variante ist sich der Junge gewiss, dass die Vase heil zu Hause ankommt, weil der Vater sie trägt. Und so bleibt sie heil, auch als der Junge mal hinfällt. Gewissheit in Bezug auf den Glauben, Heilsgewissheit kann es nur geben wenn sie beim Vater, bei Gott verankert ist. Nicht bei mir und meinen Fähigkeiten und meinem Glauben.

Auch wenn ich mal fallen sollte, und ich weiß ja nicht, was im neuen Jahr mit mir sein wird: Auch, wenn mein Glaube in Krisen kommt, auch wenn ich mal Schiffbruch erleiden sollte: Ich bin und bleibe in Gottes Liebe geborgen. Auch dann noch, wenn ich es vielleicht selbst nicht glauben kann. In dem Sinne ist das gar nicht vollmundig, was Paulus sagt, sondern wir können es als ermutigenden Satz für das neue Jahr mitsprechen, selbst wenn unser Glaube vielleicht manchmal ganz klein ist: *„Ich bin gewiss, dass weder Tod noch Leben, weder Engel noch Mächte noch Gewalten, weder Gegenwärtiges noch Zukünftiges, weder Hohes noch Tiefes noch eine andere Kreatur uns scheiden kann von der Liebe Gottes, die in Christus Jesus ist, unserm Herrn.“*

Amen

Predigt über Markus 14, 17-25*

Vielleicht kennen sie das Spiel „Prominentenraten". Man sitzt im Kreis nebeneinander, jeweils der rechte Nachbar klebt seinem linken Nachbarn einen Streifen Kreppband auf die Stirn, auf den er den Namen eines Prominenten geschrieben hat. Jeder Spieler muss herausfinden, welcher Name auf seiner Stirn steht, wer er ist. Man findet das heraus, indem man Fragen stellt, die nur mit Ja oder Nein zu beantworten sind. Und wenn man dann herausgefunden hat, wer man ist, dann fragt man sich oft: Warum ist mir ausgerechnet dieser Name auf die Stirn geklebt worden? Habe ich mit dem Ähnlichkeit? Das letzte Mal, als ich dieses Spiel gespielt habe, habe ich nach langem hin und her herausgefunden, dass ich Bruder Tack war – der dicke, etwas trottelige Priester aus Robin Hood, der gerne mal einen über den Durst trinkt. Da habe ich mich natürlich schon gefragt: Bin ich etwa wie Bruder Tack? Wer bin ich? Diese Frage hat sich mir durch den heutigen Predigttext gestellt. Ich lese uns Mk 14, 17-25 (zunächst wird ein veränderter Text gelesen - s.u.)
Als sie bei Tisch waren und aßen, sprach Jesus: Wahrlich, ich sage euch: Einer unter euch, der mit mir isst, wird mich verraten. Und sie wurden traurig und fragten ihn, einer nach dem andern: Bin ich's? Er aber sprach zu ihnen: Einer von den Zwölfen, der mit mir seinen Bissen in die Schüssel taucht. Der Menschensohn geht zwar hin, wie von ihm geschrieben steht; weh aber dem Menschen, durch den der Menschensohn verraten wird! Es wäre für diesen Menschen besser, wenn er nie geboren wäre. Und als sie aßen, nahm Jesus das Brot, dankte und brach's und gab's ihnen und sprach: Nehmet; das ist mein Leib.Und er nahm den Kelch, dankte und gab ihnen den; und sie tranken alle daraus. Und er sprach zu ihnen: Das ist mein Blut des Bundes, das für viele vergossen wird. Wahrlich, ich sage euch, dass ich nicht mehr trinken werde vom Gewächs des Weinstocks bis an den Tag, an dem ich aufs Neue davon trinke im Reich Gottes.

*gehalten Gründonnerstag 2005 in der Evangelischen Kirche Issum

Am liebsten würde ich jetzt bei Ihnen eine Umfrage machen, ob Ihnen bei der Lesung des Textes gerade etwas aufgefallen ist. Ich habe nämlich bei der Lesung den Text an einer Stelle etwas verändert. Aber wir sind hier ja nicht in der Schule, dass ich die Bibelkenntnisse oder die Aufmerksamkeit bei der Textlesung überprüfen würde. Ich habe gerade gelesen: Als Jesus ankündigt, dass einer von den Jüngern ihn verraten wird, da wurden die Jünger empört. Sie schauten einander an und jeder dachte bei sich: „Ist der es wohl?"

Das ist eine ganz normale menschliche Reaktion: Wenn man hört, dass etwas Schlimmes oder Schlechtes gemacht worden ist, dann hat man schnell die üblichen Verdächtigen im Sinn. Wenn bei uns in der Schule früher eine Deutscharbeit zurückgegeben wurde, und der Lehrer ankündigte: „Eine 6 ist dabei", dann war mir schon klar: Entweder Mark oder Tanja – einer von den beiden wird es sein. Als auf einer Jugendfreizeit ein Fotoapparat geklaut worden ist, da war ich mir ziemlich sicher, wer da wohl hintersteckt. Wenn man von etwas Schlechtem hört, dann hat man oft ganz schnell seine Vermutung, wer da hinter steckt: Mark oder Tanja, Familie Meier von gegenüber, die Ausländer, einer der Schurkenstaaten aus der Achse des Bösen.

Es wäre ganz normal gewesen, wenn die Jünger so auf die Ankündigung des Verrates reagiert hätten: Sie schauten einander an und jeder dachte bei sich: „Ist der es wohl?" Aber dieser Satz steht eben nicht in der Bibel, den habe ich erfunden – und vielleicht ist Ihnen das ja bei der Textlesung auch aufgefallen. In der Bibel steht: Als Jesus sagte, dass einer von den Jüngern ihn verraten würde, da wurden sie traurig und fragten ihn: „Bin ich`s?"

Das finde ich schon bemerkenswert, das zeugt von einer sehr realistischen Selbsteinschätzung an dieser Stelle: Keiner der Jünger ist sich seiner selbst so sicher, dass er sagen würde: „Aber ich bin es doch mit Sicherheit nicht!" Nein, jeder einzelne traut es sich selbst zu, zum Verräter zu werden. Alle fragen: „Bin ich es? Bin ich der Verräter?" Wenn ich diese Frage verallgemeinere, dann lautet sie: „Wer bin ich überhaupt, was für einer bin ich überhaupt?"

Wie würden Sie diese Frage für sich beantworten: Wer bin ich überhaupt, was für einer bin ich überhaupt? Natürlich kann ich manche Antworten geben, wer ich bin, wie ich bin. Aber ich merke: Es sind bei mir sehr widersprüchliche Antworten: Ich bin ein glaubender Mensch, ich bin ein engagierter Mensch. Ich habe viele Fähigkeiten und Stärken. Aber zugleich gilt auch: Ich bin ein zweifelnder Mensch, ich bin ein bequemer Egoist, ich bin schwach und verzagt. Ich bin ein Jünger Jesu und ich bin einer, der ihn oft vergisst, verleugnet, verrät.
Auf die Frage „Wer bin ich eigentlich", da kann ich nur sehr widersprüchliche Antworten geben. Und das ehrliche Fragen der Jünger „Bin ich etwa der Verräter?", das macht mir deutlich: Ich kann nicht garantieren, was für einer ich morgen sein werde: Ich kann nicht ausschließen, dass ich nicht vielleicht auch noch zum Verräter werde. Zum Dieb, zum Lügner, zum Ehebrecher. Die Fähigkeit zu dem allen steckt in jedem von uns.
Eine Konsequenz aus dieser Erkenntnis hat der Dichterfürst Goethe einmal so formuliert: „Niemals werde ich in Gefahr kommen, auf mein eigenes Können und Vermögen stolz zu werden, da ich deutlich erkannt habe, was für ein Ungeheuer sich in jedem menschlichen Herzen erzeugen und nähren könnte, wenn eine höhere Kraft uns nicht bewahrt."
Wenn ich es mir selbst zutraun muss, dass auch ich mal zum Verräter werden könnte, dann soll mich das bescheiden machen. Und dann will ich mich davor hüten, die Welt in gute und böse einzuteilen. Gerade aus christlicher Sicht finde ich das ganz fatal, wie der fromme Präsident Bush von der Achse des Bösen und den Schurkenstaaten gesprochen hat. Als ob man so aufteilen könnte: Die Guten ins Töpfchen, die Schlechten ins Kröpfchen. Da sind die eindeutig Guten – zu denen ich natürlich selbst auch gehöre. Und da sind die eindeutig Bösen – die ich dann womöglich guten Gewissens bekämpfen kann. Die Rückfrage der Jünger „ Bin ich`s?", die macht deutlich: Wir alle haben das Zeug auch zu allem möglichen Bösen und Versagen. Und deswegen will ich nicht stolz und überheblich sein, und nicht auf die herabschauen, die versagt haben, die schuldig geworden sind.

Wer bin ich? Ich bin einer, der in vielem sehr widersprüchlich ist. Ich bin einer, der sich viel Gutes, aber eben auch viel Schlechtes zutrauen kann und muss.
Das wäre ziemlich frustrierend, wenn das jetzt die einzige Antwort wäre. Gott sei Dank gibt es noch eine andere, entscheidende Antwort auf die Frage, wer ich bin, wer wir sind.
Das Wichtigste, was man über die Jünger in dieser Textstelle sagen kann, das ist: Sie sind willkommene Gäste an Jesu Tisch, Menschen, die mit Brot und Wein, mit der Nähe und Vergebung Jesu beschenkt werden. Obwohl sie alle potentielle Verräter sind. Sogar Judas, der dann tatsächlich zum Verräter wird – auch er darf beim Abendmahl dabei sein. Jesus sagt ein hartes Wort über Judas. Er sagt: Es wäre besser für ihn, wenn er nicht geboren worden wäre. Wahrscheinlich hat Judas das wenige Stunden selbst auch so gedacht, als er seinen Verrat bitter bereut hat: Ach wäre ich doch nie geboren worden. Jesus sagt ein hartes Gerichtswort über Judas. Aber an dieser Stelle gibt es auch für ihn noch Hoffnung: Auch Judas darf beim Abendmahl dabei sein, darf Gast an Jesu Tisch sein.
Neben allem, was das Abendmahl sonst auch noch bedeutet: Abendmahl bedeutet in erster Linie: Gemeinschaft mit Jesus. Zugehörigkeit zu ihm. Jesus gibt dem Brot und dem Wein eine besondere, symbolische Bedeutung: Das ist mein Leib, das ist mein Blut, das für die Vielen vergossen wird. So gewiss ihr Brot und Wein zu euch nehmt, so gewiss bin ich für euch: Ich bin für euch, ich bin für euch sogar in den Tod gegangen. Daran erinnern Brot und Wein. So gewiss ihr Brot und Wein zu euch nehmt, so gewiss bin ich bei euch – wir gehören zusammen.
Ich denke, das ist die entscheidende christliche Antwort auf die Frage „Wer bin ich?" - Das ist das Wichtigste, was ich über mich wissen kann: Ich bin einer, von dem gilt: Jesus ist für mich. Ich bin einer, der zu Jesus, einer, der zu Gott gehört. Selbst wenn ich ein sehr zwiespältiger Mensch bin, selbst wenn ich neben manchem Christlichen auch viel Unchristliches an mir und in mir habe. Selbst wenn ich versage. Selbst, wenn ich vielleicht manchmal gar nicht glauben kann. Das Abendmahl ist für uns ein Zeichen dafür, dass Jesus für uns ist und dass wir zu Jesus gehören.

Der Dichter Lothar Zenetti wurde einmal gefragt: Wer ist Jesus für Sie? Was halten sie von ihm? Und er antwortete: „Wer Jesus für mich ist? Einer, der für mich ist! Was ich von Jesus halte? Dass er mich hält!“ [1]

Wenn ich weiß, wer Jesus ist - nämlich einer, der für mich ist – wenn ich das weiß, dann habe ich die entscheidende Antwort auf die Frage, wer ich bin.

Dietrich Bonhoeffer, evangelischer Theologe und Märtyrer im Nazideutschland, hat im Gefängnis ein Gedicht geschrieben, das mir wichtig ist bei meiner Frage danach, wer ich denn eigentlich bin. In seiner besonderen Situation, in der es für Bonhoeffer um Leben und Tod geht, da gibt er die gleiche Antwort, die ich in unserem Text sehe:

Wer bin ich? [2]

Wer bin ich? Sie sagen mir oft, ich träte aus meiner Zelle
gelassen und heiter und fest wie ein Gutsherr aus seinem Schloß.

Wer bin ich? Sie sagen mir oft,ich spräche mit meinen Bewachern
frei und freundlich und klar, als hätte ich zu gebieten.

Wer bin ich? Sie sagen mir auch, ich trüge die Tage des Unglücks
gleichmütig, lächelnd und stolz, wie einer, der Siegen gewohnt ist.

Bin ich das wirklich, was andere von mir sagen?
Oder bin ich nur das, was ich selbst von mir weiß?
Unruhig, sehnsüchtig, krank, wie ein Vogel im Käfig,
ringend nach Lebensatem, als würgte mir einer die Kehle,
hungernd nach Farben, nach Blumen, nach Vogelstimmen,
dürstend nach guten Worten, nach menschlicher Nähe,
zitternd vor Zorn über Willkür und kleinlichste Kränkung,
umgetrieben vom Warten auf große Dinge,
ohnmächtig bangend um Freunde in endloser Ferne,
müde und leer zum Beten, zum Denken, zum Schaffen,
matt und bereit, von allem Abschied zu nehmen?

Wer bin ich? Der oder jener?

Bin ich denn heute dieser und morgen ein andrer?
Bin ich beides zugleich? Vor Menschen ein Heuchler
und vor mir selbst ein verächtlich wehleidiger Schwächling?
Oder gleicht, was in mir noch ist, dem geschlagenen Heer,
das in Unordnung weicht vor schon gewonnenem Sieg?
Wer bin ich? Einsames Fragen treibt mit mir Spott.
Wer ich auch bin, Du kennst mich, Dein bin ich, o Gott.

Amen

[1] Das Gedicht ist abgedruckt in: Lothar Zenetti, Auf seiner Spur, topos, 2006, S. 126

[2] Das Gedicht ist abgedruckt in: Dietrich Bonhoeffer, Widerstand und Ergebung. Briefe und Aufzeichnungen aus der Haft. Hrg. Von Eberhard Bethge und anderen, Gütersloh1998, S. 513

Predigt über Jesaja 52, 12 – 53, 13*

Da kommt ein Radfahrer auf einem alten Fahrrad die Straße entlang geradelt. Er hält vor Ihrem Haus. Er steigt vom Rad, stellt es an der Hauswand ab und nimmt etwas vom Gepäckträger. Sie haben Zeit, ihn genauer zu betrachten: Sein Anzug ist alt und dreckig. Seine Schuhe löchrig. Er ist unrasiert. Ein Pflaster klebt an seiner Stirn und er hat ein blaues Auge. Inzwischen hat er einen großen Umschlag vom Gepäckträger genommen. Er klingelt bei Ihnen. Als Sie die Tür öffnen, stellt er sich vor: "Ich bin der Bote von Horst Köhler, ich soll Ihnen eine wichtige Nachricht vom Bundespräsidenten überbringen. Darf ich einen Augenblick hereinkommen?" - Wie reagieren Sie jetzt? Lassen Sie ihn herein? Schicken Sie ihn direkt wieder fort? Rufen Sie vielleicht noch die Polizei, damit dieser offensichtlich Geistesgestörte an einen Ort kommt, wo er sicher verwahrt wird? Ich vermute, kaum einer von uns würde ihn in seine Wohnung hineinlassen. Für uns alle stünde fest: Ein Bote des Bundespräsidenten sieht nicht aus wie ein Strolch. Der lässt sich mit dem Mercedes vorfahren - und kommt nicht mit dem Fahrrad angestrampelt. Der trägt Armani-Anzüge – und nicht Lumpen. Nein, dieser Typ kann nicht der Bote des Bundespräsidenten sein. - Und wie muss ein Bote Gottes aussehen? Unser Text stellt uns einen Boten Gottes, einen Knecht Gottes vor Augen. Und der macht eigentlich einen noch merkwürdigeren Eindruck als der vermeintliche Bote von Horst Köhler. Ich lese Jesaja 52, 13- 53,12:

52, 13) Siehe, meinem Knecht wird's gelingen, er wird erhöht und sehr hoch erhaben sein.14) Wie sich viele über ihn entsetzten, weil seine Gestalt hässlicher war als die anderer Leute und sein Aussehen als das der Menschenkinder, 15) so wird er viele Heiden besprengen, dass auch Könige werden ihren Mund vor ihm zuhalten. Denn denen nichts davon verkündet ist, die werden es nun sehen, und die nichts davon gehört haben, die werden es merken.

*gehalten Karfreitag 2008 in der Evangelischen Kirche Issum

53, 1) Aber wer glaubt dem, was uns verkündet wurde, und wem ist der Arm des HERRN offenbart? 2) Er schoss auf vor ihm wie ein Reis und wie eine Wurzel aus dürrem Erdreich. Er hatte keine Gestalt und Hoheit. Wir sahen ihn, aber da war keine Gestalt, die uns gefallen hätte. 3) Er war der Allerverachtetste und Unwerteste, voller Schmerzen und Krankheit. Er war so verachtet, dass man das Angesicht vor ihm verbarg; darum haben wir ihn für nichts geachtet. 4) Fürwahr, er trug unsre Krankheit und lud auf sich unsre Schmerzen. Wir aber hielten ihn für den, der geplagt und von Gott geschlagen und gemartert wäre. 5) Aber er ist um unsrer Missetat1 willen verwundet und um unsrer Sünde willen zerschlagen. Die Strafe liegt auf ihm, auf dass wir Frieden hätten, und durch seine Wunden sind wir geheilt. 6) Wir gingen alle in die Irre wie Schafe, ein jeder sah auf seinen Weg. Aber der HERR warf unser aller Sünde auf ihn. 7) Als er gemartert ward, litt er doch willig und tat seinen Mund nicht auf wie ein Lamm, das zur Schlachtbank geführt wird; und wie ein Schaf, das verstummt vor seinem Scherer, tat er seinen Mund nicht auf. 8) Er ist aus Angst und Gericht hinweggenommen. Wer aber kann sein Geschick ermessen? Denn er ist aus dem Lande der Lebendigen weggerissen, da er für die Missetat meines Volks geplagt war. 9) Und man gab ihm sein Grab bei Gottlosen und bei Übeltätern, als er gestorben war, wiewohl er niemand Unrecht getan hat und kein Betrug in seinem Munde gewesen ist. 10) So wollte ihn der HERR zerschlagen mit Krankheit. Wenn er sein Leben zum Schuldopfer gegeben hat, wird er Nachkommen haben und in die Länge leben, und des HERRN Plan wird durch seine Hand gelingen. 11) Weil seine Seele sich abgemüht hat, wird er das Licht schauen und die Fülle haben. Und durch seine Erkenntnis wird er, mein Knecht, der Gerechte, den Vielen Gerechtigkeit schaffen; denn er trägt ihre Sünden. 12) Darum will ich ihm die Vielen zur Beute geben und er soll die Starken zum Raube haben, dafür dass er sein Leben in den Tod gegeben hat und den Übeltätern gleichgerechnet ist und er die Sünde der Vielen getragen hat und für die Übeltäter gebeten.

Über keinen anderen Text des Altes Testament ist soviel gerätselt worden, wie über diesen Text. Um wen geht es hier, wer ist mit diesem seltsamen Knecht Gottes gemeint? Ursprünglich war da wahrscheinlich der Prophet selbst, der sogenannte zweite Jesaja, im Blick. Aber zugleich war schon immer klar, dass der Text weit hinausgeht über Auftreten und Geschick dieses Propheten um 550 vor Christus. Die frühe Christenheit, ja Jesus selbst hat in seinem Leben, Leiden und Sterben die Erfüllung dieses prophetischen Textes gesehen. Und so können wir heute Jesus mit diesem Knecht Gottes identifizieren. Ich möchte den Schwerpunkt legen auf einen Gedanken, der für mich der zentrale Gedanke in diesem Text ist. Und ein zentraler Gedanke dafür, das Leiden und Sterben Jesu zu verstehen. Der Gedanke, dass der Gottesknecht, dass Jesus an unsere Stelle tritt: „*Er trug unsre Krankheit und lud auf sich unsre Schmerzen. Wir aber hielten ihn für den, der geplagt und von Gott geschlagen und gemartert wäre. Aber er ist um unsrer Missetat willen verwundet und um unsrer Sünde willen zerschlagen. Die Strafe liegt auf ihm, auf dass wir Frieden hätten, und durch seine Wunden sind wir geheilt.*"(Jesaja 53, 4f). Der Gottesknecht, Jesus, der an unsere Stelle tritt. Das hat für mich zwei Aspekte:

1.) Jesus ist der Stellvertreter

Wenn ein Lehrer krank wird, sind die Schüler meist nicht all zu traurig, sondern freuen sich, dass der Unterricht ausfällt. Die Freude wird deutlich geringer, wenn man einen Vertretungslehrer bekommt, der den Unterricht fortführt. Eine Vertretung, ein Stellvertreter ist jemand, der statt des eigentlich Zuständigen dessen Aufgaben übernimmt. Im Text heißt es, dass statt der eigentlich Schuldigen ein anderer deren Strafe erleidet. Es gibt ein sehr eindrückliches Beispiel aus der jüngeren Geschichte dafür, wie jemand stellvertretend für einen anderen die Strafe übernimmt.

An einem Julitag 1941 sind im KZ Auschwitz drei Häftlinge entflohen. Nach dem Abendappell schreitet der Lagerführer die Reihe der angetretenen Gefangenen ab. Willkürlich benennt er zehn Opfer, die dafür mit dem Tod büßen sollen. Seine Wahl fällt auch auf einen polnischen Familienvater. Dieser fängt am ganzen Leib zu zittern an, er bittet um Gnade, denn er hat Frau und Kinder zu Hause. In diesem Augenblick tritt aus der hinteren Reihe Maximilian Kolbe vor, ein aus Polen stammender katholischer Priester, und bietet für den Verurteilten sein eigenes Leben an. Der Familienvater darf zurücktreten, Kolbe wird mit neun anderen Häftlingen in den Hungerbunker gebracht. Zwei Wochen später ist er tot, verhungert. Sein Tod schenkte einem anderen das Leben. - Stellvertretung. Da übernimmt einer stellvertretend die – in diesem Fall ja völlig unverdiente – Strafe eines anderen und erleidet dessen Schicksal.

Inwiefern ist Jesu Leiden und Sterben Stellvertretung für uns Menschen ?

Jesu Botschaft von Gott, Jesu Anspruch, an Gottes Stelle zu handeln, hat ihm den Vorwurf der Gotteslästerung eingebracht – und dafür wurde er zu Tode verurteilt. Aber wenn Jesu Anspruch richtig war, wenn er wirklich Gottes Sohn ist – dann sind die Menschen, die ihn verurteilen und ablehnen, in Wirklichkeit die Gotteslästerer. Dann sind sie in Wirklichkeit die Schuldigen. Die Menschen, die ihn damals verurteilt haben. Aber auch wir heute, wo wir ihn ablehnen, verdrängen, vergessen, nicht gelten lassen. Es handelt sich beim Tod Jesu nicht um vergangene Geschichte, sondern auch unsere Geschichte kommt da vor, wir kommen da vor. Der Autor Julian Green hat folgenden Spruch auf seinen Grabstein setzen lassen: *„Wäre ich mutterseelenallein auf dieser Welt gewesen: Gott hätte seinen einzigen Sohn herabgesandt, damit er mich erlöse. Aber wer, fragst du, hätte ihn dann ans Kreuz geheftet? Such nicht lange: Ich selber hätte das getan. Und der Jünger der ihn lieb hatte? Auch diesen Jünger findest du in mir."* Karfreitag ist nicht einfach vergangene Geschichte, sondern auch unser Verhalten heute kommt da vor.

Nicht Jesus ist der Schuldige, sondern im Gegenteil die Menschen, die ihn verurteilen. Ihr Urteil, Ihre Ablehnung damals und heute ist der stärkste Ausdruck von Schuld, von Sünde. Aber nun werden in diesem Fall nicht die eigentlich Schuldigen, die Menschen verurteilt, sondern Jesus. Und so stirbt Jesus an Stelle der Schuldigen, stellvertretend für uns Menschen. Und den Schuldigen wird Vergebung gewährt.

Viele Menschen fragen: War der Tod Jesu am Kreuz nötig, damit Gott uns Menschen vergibt? Eine Frage, die wir nicht beantworten können, die allein Gott beantworten kann. Wir können nicht sagen, ob es so sein musste, wir können nur feststellen, was geschehen ist, und darüber staunen: Menschen – nicht Gott - haben durch ihr schuldhaftes Verhalten Jesus ans Kreuz gebracht, ein grausamer Justizmord ist geschehen. Der Unschuldige wird verurteilt und kommt dahin, wo eigentlich die Schuldigen hingehören. Und die eigentlich Schuldigen dürfen leben. Und ihnen wird Vergebung geschenkt. Jesus bittet für sie, bittet für uns: „Vater vergib ihnen." *„Die Strafe liegt auf ihm, auf dass wir Frieden hätten, und durch seine Wunden sind wir geheilt."* Jesus, der Stellvertreter, das ist das erste. Jetzt ein zweiter Aspekt:

2) Jesus ist der, der an unsere Seite tritt

Wenn jemand an meine Stelle tritt, dann kann das heißen, dass er mich vertritt. Aber es kann auch heißen, dass er zu mir, dass er an meine Seite tritt. - Maximilian Kolbe ist stellvertretend für den polnischen Familienvater in den Tod gegangen. Der jüdische Pädagoge Janus Korczak war nicht weniger tapfer. Er ist mit, er ist an der Seite der jüdischen Kinder seines Kinderheimes in den Tod gegangen. Am 6. August 1942 wurden 200 Waisenkinder aus dem Warschauer Ghetto in einen Zug in das Todeslager Treblinka verfrachtet, wo sie wahrscheinlich noch am gleichen Tag vergast wurden. Mehrfach, noch zuletzt auf dem Warschauer Umschlagplatz, hatte Korczak Angebote bekommen, sein eigenes Leben zu retten. Aber er lehnte ab. Er wollte seine Kinder nicht allein lassen. - Hier leidet und stirbt einer – nicht stellvertretend, nicht statt dieser Kinder. Sondern mit ihnen. Er teilt – freiwillig – ihren Leidensweg, damit sie auf dem Leidensweg nicht alleine sind, damit sie gestärkt und getröstet werden. „E*r trug unsre Krankheit und lud auf sich unsre Schmerzen."* Es ist ja nicht so, dass es seit Jesu Leiden und Sterben nun kein Leid, keinen Schmerz mehr geben würde. Gerade die Beispiele von Maximilian Kolbe und Janus Korczak führen die Leiden und Schmerzen in unserer Welt ja sehr deutlich vor

Augen. Aber seit Jesu Leiden und Sterben dürfen wir darauf vertrauen: In allem Leid, in aller Not, in aller Krankheit ist da einer, der an unsere Seite tritt, der den Weg des Leidens mit uns geht. Im Hebräerbrief heißt es: „*Worin er - Jesus - selbst gelitten hat und versucht worden ist, kann er denen helfen, die versucht werden.*“ (Hebr. 2, 18).

Mir ist das noch einmal sehr eindrücklich geworden durch einen Bericht von einem Sterbenden: Ein 35jähriger Mann lag in einem Stuttgarter Krankenhaus im Sterben. Wie in jedem Krankenzimmer dort hing an der Wand ein Bild des Gekreuzigten. Und der Mann, der eigentlich wenig Beziehung hatte zu Kirche, zum Glauben, der sah immer wieder auf dieses Bild des Gekreuzigten. Und in den letzten Stunden sagte er laut hörbar mit dem Blick auf den gekreuzigten Jesus: „Wir zwei, wir schaffen es. Wir zwei, wir schaffen es.“ In seiner Sprache hatte dieser Mann es ausgedrückt: Du und ich, du Jesus, der du auch so dran bist am Kreuz, und ich in meiner schlimmen Krankheit, mit dir zusammen schaff ich es, wir zwei. Mit dir an meiner Seite ertrag ich Leiden, Schmerzen und Sterben.

Jesus, der an die Seite der leidenden und sterbenden Menschen tritt. Der christliche Glaube hat keine letztlich befriedigende Antwort auf die Frage, warum es so viel Leid in der Welt gibt, auf die Frage, warum Gott das zulässt. Aber in der Mitte des christlichen Glaubens steht der gekreuzigte Jesus. In dem Gott selbst anwesend ist, in dem Gott selbst zum mitleidenden Gott wird.

Wahrscheinlich war da wenig Neues, was wir heute zu hören bekommen haben. Die Frage ist, was diese alte Karfreitagsbotschaft für uns und unser Leben bedeutet. Ob wir uns da wiederfinden, ob es bei uns etwas bewegt. Die Geschichte von Maximilian Kolbe habe ich schon lange gekannt. Aber in der Vorbereitung auf diese Predigt habe ich etwas Neues erfahren. Mehr als vierzig Jahre nach seinem Tod wurde Maximilian Kolbe heiliggesprochen. Bei seiner Heiligsprechungsfeier in Rom trägt ein 80jähriger Mann in der Prozession zur Messe die Schale mit den Hostien für die Eucharistie, für die Abendmahlsfeier. Es ist der Familienvater von Auschwitz, für den Maximilian Kolbe gestorben ist. Dieser Mann hat sein ganzes Leben lang nie vergessen, was der andere für ihn getan hat. Und so war es ein Leben in großer Dankbarkeit.

Ich denke, das ist die richtige Antwort auf das Geschehen von Karfreitag: Nicht, dass wir alles verstehen und begreifen und genau analysieren könnten. Sondern dass wir dankbar davon leben, dass uns dort Vergebung geschenkt wird und die Nähe unseres mitleidenden Gottes.

Ich schließe mit zwei Liedversen von Gerhard Schnitter, von denen ich mir wünsche, dass sie von ihrem Sinn her immer mehr unser Gebet werden: *Er selber Gottes Sohn, verließ des Vaters Thron, litt Schande Spott und Not, ging für uns in den Tod. - Wir wollen unser Leben aus Dankbarkeit ihm geben. Nur darin liegt Gewinn: Er ist des Lebens Sinn.*

Amen

Die Idee für die Einleitung dieser Predigt verdanke ich einer Predigt von Pfarrer Klaus Riesenbeck.

Predigt über 1. Samuel 2, 1+2+6-8*

Der Pfarrer ist mit seinem Auto etwas zu schnell unterwegs und wird von der Polizei angehalten. Im Auto sieht der Polizist eine leere Weinflasche. „Sie haben doch nicht etwa getrunken, Herr Pfarrer!" „Nur Wasser," antwortet der ganz unschuldig. „Aber hier riecht es nach Wein", beharrt der Polizist. Darauf der Pfarrer: „Oh, er hat es also wieder getan, unser Herr. Halleluja!" - Nun, mir ist das noch nicht passiert, bei mir hat sich noch kein Wasser in Wein verwandelt wie bei der Hochzeit zu Kana. Und das ist wohl auch gut so. Trotzdem, diese kurze Geschichte macht mir etwas deutlich, worum es an Ostern geht: Es geht darum, dass der Jesus, der damals vor 2000 Jahren in Israel in Gottes Namen gelebt und gewirkt, gepredigt und geheilt hat und schließlich gekreuzigt worden ist, dass dieser Jesus auch heute noch lebendig ist und an und in und durch uns handeln kann und will.

Ostern heißt, dass es von Gott her neue Perspektiven und Hoffnung gibt: Hoffnung auf ein Leben über dieses Leben hinaus, aber auch auf neues Leben mitten in unserem irdischen Leben, wo ja auch oft vieles erstarrt und hoffnungslos und wie erstorben erscheint. Ich denke z.B. daran, dass man über einen anderen Menschen diesen schlimmen Satz sagt: „Der ist für mich gestorben." Vielleicht haben Sie ja einen Menschen vor Augen, über den Sie diesen Satz auch schon einmal gesagt haben oder heimlich gedacht: Der / Die ist für mich gestorben. Wo eine Beziehung stirbt, da ist das ein Tod mitten im Leben. Vielleicht kann die Osterbotschaft uns ja bewegen, es noch einmal mit einem anderen Menschen zu versuchen: Noch einmal auf einen anderen zuzugehen: In unserer Familie, oder hier in unserer Gemeinde: Auf einen Menschen zugehen, den wir eigentlich schon abgeschrieben haben. Noch einmal freundlich und offen auf diesen Menschen zugehen. Weil wir wissen: Gott, der den Tod besiegt, kann Menschen und Verhältnisse verändern und tote Beziehungen lebendig machen.

*gehalten Ostersonntag 2012 in der Evangelischen Kirche Issum

Als Predigttext für diesen Ostersonntag ist ein Text aus dem Alten Testament vorgeschlagen, der viele hundert Jahre vor dem ersten Osterfest entstanden ist. Ich lese aus 1. Samuel 2: *Hanna betete und sprach: Mein Herz ist fröhlich in dem HERRN, mein Haupt ist erhöht in dem HERRN. Mein Mund hat sich weit aufgetan wider meine Feinde, denn ich freue mich deines Heils. Es ist niemand heilig wie der HERR, außer dir ist keiner, und ist kein Fels, wie unser Gott ist. Der HERR tötet und macht lebendig, führt hinab zu den Toten und wieder herauf. Der HERR macht arm und macht reich; er erniedrigt und erhöht. Er hebt auf den Dürftigen aus dem Staub und erhöht den Armen aus der Asche, dass er ihn setze unter die Fürsten und den Thron der Ehre erben lasse.*

Ich möchte einen Brückenschlag versuchen: Von diesem uralten Lied der Hanna über das Ostergeschehen bis zu uns heute. Die Brücke ist Gott selber: Er ist es, dessen Handeln Hanna damals erlebt hat, er ist es, der Jesus von den Toten auferweckt hat, er ist es, der uns heute begegnen will. ER ist es, den damals Hanna gelobt hat, den die ersten Christen gelobt haben und den auch wir heute loben.

Die Auferweckung Jesu ist der Grund für die christliche Hoffnung, dass nicht das Leid und nicht der Tod und nicht die Ungerechtigkeit sich am Ende durchsetzen, sondern dass Gottes Liebe und Güte sich am Ende durchsetzen. Diese Hoffnung auf Gott wurde schon im Altes Testament von Menschen geglaubt und bezeugt - wenn auch manchmal eher ahnungsweise. Ostern ist die Bestätigung dieser alttestamentlichen Hoffnung - und der Grund unserer christlichen Hoffnung heute. Das Lied der Hanna ist sozusagen ein vorösterliches Osterlied.

Ich will kurz erzählen, wie es zu dem Lied der Hanna kam. Hanna war verzweifelt. Ihre Hoffnung auf ein erfülltes Leben hatte sie schon fast begraben. Ihr großes Leid: Sie konnte keine Kinder bekommen. Eine verheiratete Frau ohne Kinder hatte im Denken der damaligen Zeit ihre Bestimmung verfehlt. Und vielleicht am schlimmsten für sie: Keine Kinder zu haben galt als Zeichen des fehlenden Segens Gottes. Von Gott verworfen, Gott braucht dich nicht! Du bist ein Auslaufmodell. Übrigens: Auch hier eine Parallele zum Geschick Jesu: Als er am Kreuz hing, dachten und sagten die Menschen: Der ist von Gott verworfen. Die Geschichte von Hanna, erst Recht die Ostergeschichte sollte uns sehr vorsichtig machen bei unseren Urteilen über andere Menschen, wo wir manchmal ganz schnell dabei sind, andere zu verwerfen: Den kannst Du vergessen, bei der ist Hopfen und Malz verloren. Ostern und die Geschichte von Hanna zeigen, dass Gott manchmal gerade mit denen Seine Geschichte schreibt, die von den Menschen verworfen worden sind. - Hanna leidet unter ihrem Schicksal, und sie bringt ihr Leid vor Gott. Sie geht nach Silo in den Tempel. Sie betet und legt ein Gelübde ab: Wenn Gott ihr Gebet erhört und ihr einen Sohn schenkt, wird sie ihn Gott quasi zurückgeben. Hanna wird schließlich schwanger und bekommt einen Sohn: Samuel, durch den Gott Großes bewirken wird in Israel.

Die Kinderlosigkeit von Hanna und schließlich die Geburt ihres Sohnes ist der Hintergrund für das Loblied der Hanna. Sie hat es so erlebt, wie sie hier bildhaft ausdrückt: Gott *hebt auf den Dürftigen aus dem Staub und erhöht den Armen aus der Asche.* Nun kann man sagen: Das ist dann ja auch leicht, Gott zu loben, wenn man solche Erfahrungen gemacht hat wie Hanna. Aber was ist, wenn der Kinderwunsch unerfüllt bleibt? Was ist, wenn man weiterhin im Elend bleibt und keine Wende zum Besseren erfährt? Wenn man genau hinsieht, dann merkt man, dass das Lied der Hanna nicht nur von einem glücklichen Ausgang weiß, sondern auch das Elend, die Zwiespältigkeit und das Auf und Ab des Lebens benennt: *Der HERR tötet und macht lebendig, führt hinab zu den Toten und wieder herauf. Der HERR macht arm und macht reich; er erniedrigt und erhöht.*

Vom Neuen Testament her betrachtet kann man sagen: Karfreitag und Ostern gehören zusammen. Bei Jesus damals, aber auch im Leben von uns Menschen heute. Es gibt weiterhin Karfreitagserfahrungen, Erfahrungen von Arm- und Niedrigsein, Erfahrungen von Leid und Verzweifelung. Und doch hat sich seit Karfreitag und Ostern etwas wesentlich geändert. Dietrich Bonhoeffer hat es so ausgedrückt: *„Keinen Weg lässt uns Gott gehen, den er nicht selbst gegangen wäre und auf dem er* *uns nicht voranginge.“* Das gilt, weil Jesus den Weg durch menschliches Leid und Elend und Verzweifelung mitgegangen ist und uns den Weg ins Osterlicht vorausgegangen ist. - Ein Mann machte mit einem Höhlenforscher eine Höhlentour. Als er durch einen ganz engen, stockdunklen Tunnel kriechen muss, bekommt er einen Panikanfall. Da sagt der Höhlenforscher zu ihm: „Wir werden hier rauskommen. Ich bin nicht zum ersten Mal hier. Konzentriere dich auf meine Stimme.“ Es gibt die engen und dunklen Stellen des Lebens, wo wir manchmal verzweifeln wollen. Aber seit Ostern gibt es eben auch diese Stimme, die uns sagt: *„Wir werden hier rauskommen. Ich bin nicht zum ersten Mal hier. Konzentriere dich auf meine Stimme.“*

In unserem Leben wird nicht immer einfach alles gut. Aber seit Ostern gibt es keine Situation, die völlig hoffnungslos ist. - In dem Film „Das siebente Siegel“ von Ingemar Bergman wird das Schicksal von verschiedenen Menschen während der Pest im 14. Jahrhundert in Schweden erzählt. Quasi als Hintergrundgeschichte und Metaebene der Handlung wird eine Schachpartie gezeigt zwischen einem königlichen Ritter und dem Tod in Menschengestalt. Durch die einzelnen Szenen in der Geschichte hindurch machen die beiden Spieler ihre Züge. Dann, als Höhepunkt und Schlusspunkt macht der Tod einen letzten Zug und sagt Schach – und der Ritter gibt auf, der Tod hat gewonnen und der Film endet damit. Als der frühere Schachweltmeister Bobby Fischer den Film anschaute, fragte er an dieser Stelle ganz erstaunt einen Freund: “Warum hat er aufgegeben? Der König hat noch einen Zug, der König hat noch einen großartigen Zug, der das ganze Spiel umdreht.“

Dieser Satz ist wie eine Zusammenfassung für die Erfahrung von Hanna und für das Ostergeschehen: Auch wo es, menschlich gesehen, hoffnungslos aussehen mag: Der König hat noch einen Zug, Gott hat noch einen Zug, durch den alles anders werden kann. Und an Ostern hat er gezeigt, dass er diesen Zug spielt.

Der österreichische Schauspieler Dietmar Schönherr hatte auf dem Höhepunkt seiner Karriere in den 80er Jahren eine tiefe Sinnkrise. Er befand sich gewissermaßen, wie

Hanna es beschreibt, in Staub und Asche. In der Zeit engagierte er sich als Entwicklungshelfer in Nicaragua, und dort, in dem kleinen Dorf Posolera mitten im Bürgerkrieg wurde er von der Osterhoffnung berührt. Die armseligen Dorfbewohner, die mehrere Kriegsopfer zu beklagen hatten, feierten Karfreitag. Dietmar Schönherr schreibt: „Und ich stehe da, als der Padre den Kelch mit dem Blut des Herrn in den Gewitterhimmel von Posolera hebt. Und ich stehe da, als der Padre uns segnet und sagt: ‚Man muss Hoffnung haben.' Und ich sage dir, dass es die heiligste Stunde war, die ich je erlebt habe. Und während der Padre die Namen der Gefallenen aufrief, antwortete die Gemeinde nach jedem Namen „presente", das heißt, sie sind anwesend. Damit zeigten die Trauernden, dass sie von der Auferstehungshoffnung erfüllt waren. Und dann ließ der Padre sich einen Blecheimer mit Wasser geben und taufte sechs Kinder. In diesem Augenblick wurde der Tod ad absurdum geführt. Ich war aufgebrochen, den Menschen zu helfen und fand Gott."

Gott *hebt auf den Dürftigen aus dem Staub und erhöht den Armen aus der Asche.* Manchmal so, dass sich mitten im Leben etwas unverhofft ändert. Wie bei der kinderlosen und enttäuschten Hanna, wie bei Dietmar Schönherr, der im Ausgebranntsein, in der Asche der Sinnkrise Gott findet und damit Hoffnung und Lebensmut. Manchmal kommt die Veränderung auch nicht in diesem Leben, sondern wir hoffen darauf, dass Gott das jenseits dieses Lebens wahrmachen wird. Wie er es an Ostern bei Jesus wahrgemacht hat. So wie die Menschen in Posolera es für ihr Toten erhofft und geglaubt haben: „Presente" - sie sind anwesend, denn sie sind bei Gott angekommen.

Im Lobgesang der Hanna wird gesagt, was Jesus durch seine Worte und seine Taten betont hat: Dass Gott auf der Seite der Elenden und Armen, der Schwachen und Unterdrückten steht und nicht auf der Seite der Unterdrücker. Und dass Gottes Seite die ist, die sich letztlich durchsetzen wird. Der König hat noch den entscheidenden Zug. Und so müssen wir immer wieder prüfen, auf welcher Seite wir stehen. Ich schließe mit einem Ostergedicht von Kurt Marti, das dem kritischen Potential der Osterhoffnung Ausdruck gibt, das sich auch schon im Lobgesang der Hanna findet:

das könnte manchen herren so passen
wenn mit dem tode alles beglichen
die herrschaft der herren die knechtschaft der knechte
bestätigt wäre für immer
das könnte den herren so passen
wenn sie in ewigkeit herren blieben im teuren privatgrab
und die knechte knechte in billigen reihengräbern
aber es kommt eine auferstehung
die anders ganz anders wird als wir dachten
es kommt eine auferstehung die ist der aufstand gottes gegen die herren
und gegen den herrn aller herren: den tod.[1]

Amen

[1] **Kurt Marti, in: Paul K. Kurz, Wem gehört diese Erde, Mainz 1984, 85**

Predigt über Epheser 1, 20b – 23*

Vor vielen Jahren war der damalige sowjetische Staats- und Parteichef Leonid Breschnew zum Staatsbesuch in Deutschland. Es war wie heute ein Himmelfahrtstag, und das stürzte den russischen Dolmetscher in große Schwierigkeiten: Er konnte mit dem Begriff „Himmelfahrtstag“ in den Willkommensworten nichts anfangen, und so übersetzte er nach kurzem Überlegen ziemlich martialisch mit „Tag der Luftwaffe“. An dieser Episode wird anschaulich, was wohl grundsätzlich gilt: Dass es schwer zu verstehen und nachzuvollziehen ist, was mit Himmelfahrt gemeint ist. Wir haben vorhin die Himmelfahrtsgeschichte gehört: Wenn man die so ganz wörtlich nimmt, hört sich das tatsächlich so an, wie es ein Jugendlicher im Reliunterricht mal umschrieben hat: „An Himmelfahrt ist Jesus auf einer Wolke in den Himmel gesurft.“ Die Himmelfahrtsgeschichte, die übrigens nur bei Lukas vorkommt, in der Apostelgeschichte und etwas anders im Lukasevangelium, diese Geschichte ist eine sehr symbolische Geschichte: Die Wolke, die da erwähnt wird, ist eben nicht das Surfbrett oder die Rakete, mit der Jesus in den Himmel abdüst. Die Wolke ist in der Bibel Ausdruck für Gottes verhüllte Gegenwart: Am bekanntesten vielleicht in der Erzählung vom Auszug aus Ägypten, wo Gott das Volk in einer Wolkensäule führt. Bei der Himmelfahrtserzählung geht es darum, dass Jesus jetzt bei Gott, in Gottes unsichtbarer Wirklichkeit ist: Im Himmel, der nicht da oben ist, so dass man dorthin fliegen müsste oder könnte. Himmel meint die höhere, die göttliche Dimension, die uns und unsere irdische Wirklichkeit unsichtbar umgibt. An anderen Stellen im Neuen Testament ist diese Aussage – Jesus gehört ganz auf Gottes Seite und ist jetzt ganz bei Gott, sitzend zur Rechten Gottes - an anderen Stellen ist diese Aussage nicht mit einer Himmelfahrtserzählung verbunden, sondern mit Ostern, mit der Auferstehung Jesu . So auch beim Predigttext für den heutigen Himmelfahrtstag, aus dem Epheserbrief Kapitel 1, 20b -23:

* Gehalten am Himmelfahrtstag 2014 in der Evangelischen Kirchengemeinde Werden

20b) Durch seine Kraft hat Gott Jesus (wörtl.: durch sie hat er ihn) von den Toten auferweckt und eingesetzt zu seiner Rechten im Himmel
21)über alle Reiche, Gewalt, Macht, Herrschaft und alles, was sonst einen Namen hat, nicht allein in dieser Welt, sondern auch in der zukünftigen.
22)Und alles hat er unter seine Füße getan und hat ihn gesetzt der Gemeinde zum Haupt über alles,
23) welche sein Leib ist, nämlich die Fülle dessen, der alles in allem erfüllt.

1) Wer hat die Lufthoheit?

Himmelfahrt ist nicht der Tag der Luftwaffe, aber es geht tatsächlich um die Frage der Lufthoheit, um die Frage nämlich, wer die Macht hat, wer letztlich das Sagen hat. Wer ist die letzte, die entscheidende Macht und Instanz?
Am Morgen des 20. April 1938 versammelten sich die Bewohner eines Waisenhauses im Esssaal. Wie bisher üblich wurde ein Tischgebet gesprochen, doch es stand heute überhaupt kein Essen auf den Tischen. Da forderte der Heimleiter die Kinder auf, in die Aula zu kommen. Die Aula war festlich geschmückt. An der Wand hing ein großes Bild des "Führers". Es waren Tische aufgebaut mit so gutem Essen, wie es die Kinder lange nicht mehr bekommen hatten. Der Heimleiter ließ nun ein Gedicht aufsagen, das an Hitlers Geburtstag erinnerte und daran, dass die Kinder dem "Führer" alles verdankten und dass er gut für sie sorgen würde. Von nun an wurde dort nie mehr ein Tischgebet gesprochen, sondern bei jeder Mahlzeit musste ein Gedicht aufgesagt werden, das an die Wohltaten des Führers erinnerte. -
Wer hat, wer ist die letztlich entscheidende Macht, auf wen soll man hören, an wen soll man sich wenden? Die Antwort des Textes ist, dass diese Macht beim auferstandenen Christus liegt: Er hat die Lufthoheit. Aber die Episode von vor 76 Jahren macht deutlich, dass diese Aussage des Epheserbriefes sehr umstritten ist, ja, dass es eine Glaubensaussage ist oftmals gegen den Augenschein. Es gibt andere Mächte und Mächtige, und oftmals scheinen sie die Lufthoheit zu haben. Aber auch das ist eine immer wieder bestätigte Tatsache: So mächtig sie auch eine zeitlang sein

mögen – ihre Macht ist vergänglich – und häufig viel schneller Vergangenheit, als man gedacht hatte: Ein Mann aus den neuen Bundesländern behauptete an seinem 80. Geburtstag, dass er 1180 Jahre alt wäre. Und er erklärte sein Alter mit den folgenden Worten: „Ich habe das Tausendjährige Reich überlebt, das Adolf Hitler einleitete. Ich habe die Mauer überlebt, von der Erich Honecker sagte, sie würde Hundert Jahre lang bestehen. Und außerdem habe ich meinen 80. Geburtstag gefeiert. Also bin ich zusammengerechnet 1180 Jahre alt.“ Hier wird deutlich, wie schnell göttlich anmutende Machtansprüche an ihr Ende kommen. Früher oder später werden auch die größten Machthaber Opfer von Tod und Vergänglichkeit: Denn das ist ja die tatsächlich größte irdische Macht: Tod und Vergänglichkeit. Die Überzeugung unseres Textes, die Hoffnung des christlichen Glaubens ist, dass es eine Macht gibt, die noch größer ist: Gottes Osterkraft, die in Jesus gewirkt hat und durch die er, wie unser Text sagt, zur Rechten Gottes eingesetzt worden ist. Wir glauben an einen Gott, wir glauben an Jesus Christus, dessen Macht unvergänglich ist, der stärker ist als der Tod und damit dann auch stärker als alle irdischen Mächte und Machthaber. Dieser Oster- und Himmelfahrtsglaube, der oftmals ein Glaube gegen den Augenschein ist, dieser Glaube will helfen, den großen und kleinen Machthabern um uns herum auch mal den Gehorsam zu verweigern. In einem neueren Kirchenlied von Renate Weber heißt es:

„Seht, man musste sie begraben, die der Welt Gebote gaben, und ihr Wort hat nicht Bestand. Ihre Häuser wurden Trümmer, ihre Münzen gelten nimmer, die man in der Erde fand. Ihre Namen sind verklungen, ihre Lieder ungesungen, ihre Reiche menschenleer. Ihre Siegel sind zerbrochen, ihre Sprachen ungesprochen, ihr Gesetz gilt längst nicht mehr. Jesu Name wird bestehen, Jesu Reich nie untergehen, sein Gebot gilt allezeit. Jesu Wort muss alles weichen und ihn kann kein Tod erreichen. Jesus herrscht in Ewigkeit."

Nun leben wir Gott sei Dank in einer Zeit, wo zumindest hier bei uns niemand ein tausendjähriges Reich der eigenen Macht propagieren würde. Keiner käme auf die Idee, Angela Merkel oder Sigmar Gabriel in irgendwelchen Gedichten göttliche

Verehrung zukommen zu lassen. Deswegen die Frage, von welchen Mächten wir denn beherrscht werden bzw. uns beeinflussen lassen: Wer oder was prägt unsere Gedanken und Vorstellungen? Für wen oder was opfern wir Zeit und Geld? Wer sagt uns, was wir tun und lassen sollen? Vielleicht ist es das Werbefernsehn, das uns sagt, was wir kaufen müssen, um schön und gesund und glücklich zu sein. Vielleicht ist es der Zeitgeist, die Diktatur des „man“ - man macht das eben heute so. Vielleicht ist es der Freundes- und Bekanntenkreis, der unsere Entscheidungen ganz stark bestimmt. Es gibt Menschen und Mächte, die uns beeinflussen und prägen. Das ist gar nicht zu vermeiden. Und manches, was uns da so prägt, ist ja gar nicht unbedingt negativ. Aber wir sollten uns in den großen Entscheidungen des Lebens und auch in den Alltäglichkeiten immer wieder mal die Frage stellen: Wer ist es, der letztlich bei mir das Sagen hat, wer oder was ist für mich die höchste Instanz, wer oder was hat über meinem Leben die Lufthoheit? Was ist, wenn der Zeitgeist oder die Freunde uns Dinge empfehlen, die im Gegensatz stehen zu Gottes Willen, im Gegensatz stehen zu Jesu Worten und Vorbild?

Der evangelische Pfarrer Martin Niemöller war einer derjenigen, die aus ihrem Glauben heraus den Machtansprüchen der Nazis widersprochen hat: Als persönlicher Gefangener des Führers kam er erst ins Gefängnis und dann ins KZ Dachau, was er aber überlebte. Martin Niemöller hat einmal gesagt, was ihm als Maxime für seine großen und kleinen Entscheidungen gedient hat. Der Satz, die simple Frage nämlich: „Was würde Jesus dazu sagen?“ Wenn wir uns diese Frage stellen, dann wird aus dem ziemlich steilen Satz, dass Jesus zur Rechten Gottes sitzt, dann wird daraus etwas, was unseren Alltag prägt: Dass Jesus tatsächlich die entscheidende Instanz in unserem Leben ist, dass er die Lufthoheit über unser Leben hat. Wer hat die Lufthoheit, das war das erste, jetzt noch ein kurzes zweites:

2) Wo ist er denn?

In manchen Gegenden gab es, gibt es vielleicht immer noch einen seltsamen Brauch: Da bläst der Pfarrer im Himmelfahrtsgottesdienst die Osterkerze aus und trägt sie in die Sakristei. Eine symbolische Handlung, um zu zeigen: Nach seinem irdischen Leben und nach den Ostererscheinungen ist Jesus jetzt weg. Wenn das die Botschaft von Himmelfahrt wäre, dann wäre das ja furchtbar. Ich glaube, dass Himmelfahrt genau das Gegenteil meint: Weil Jesus bei Gott ist, zur Rechten Gottes, deswegen ist er auch ganz bei uns – so wie Gott uns unsichtbar nahe ist. Interessant ist, dass das Neue Testament auf die Frage, wo Jesus eigentlich ist, genau die gleichen Antworten gibt, wie das Alte Testament auf die Frage: Wo ist Gott? Beim Propheten Jesaja heißt es einmal von Gott: „Ich wohne in der Höhe und im Heiligtum und bei denen, die zerschlagenen Geistes sind“ (Jesaja 57, 15). In der Höhe, im Himmel, in Gottes höherer, unsichtbarer Dimension. Im Heiligtum: Gott hat seine besondere Gegenwart versprochen für den Tempel, für den Gottesdienst, für die Gemeinde. Und bei denen, die zerschlagenen Geistes sind: Diese Erfahrung zieht sich durchs Alte Testament: Dass Gott auf der Seite der Leidenden und Armen und Entrechteten steht. Genau das gleiche sagt das Neue Testament über Jesus: Unser Text sagt von Jesus, dass er in der Höhe ist, zur Rechten Gottes, im Himmel. Jesus hat gesagt, dass er bei den Armen und Elenden ist: „Was ihr einem der Geringsten getan habt, das habt ihr mir gesagt.“ Und Jesus sagt, dass er in der Gemeinde, in der christlichen Gemeinschaft nahe ist: „Wo zwei oder drei in meinem Namen versammelt sind, da bin ich mitten unter ihnen.“ Und davon spricht ja auch der Text: Jesus ist zur Rechten Gottes erhöht, aber gleichzeitig ist er das „Haupt der Gemeinde“, ist die Gemeinde „sein Leib.“

Wahrscheinlich sind wir alle mit der Gemeinde, mit der Kirche verbunden, ist sie für uns wichtig – sonst wären wir wohl nicht bei bescheidenem Wetter zu einem Openairgottesdienst gekommen. Aber wahrscheinlich könnten wir auch alle von negativen, von traurigen und frustrierenden Erfahrungen berichten mit Kirche und Gemeinde, mit christlicher Gemeinschaft, wo so wenig von Jesu Nähe und seinem Geist zu spüren ist. Dass Kirche der Leib Christi ist, dass Jesus hier in besonderer Weise gegenwärtig ist, das ist manchmal genau so schwer zu glauben wie die Aussage, dass nicht die Mächtigen dieser Welt das Sagen haben, sondern Christus, dass nicht der Tod das letzte Wort hat, sondern Gottes Osterkraft. Dass Kirche, dass unsere Gemeinden der Leib Christi ist, das ist etwas, was wir oftmals nur gegen den Augenschein glauben können. Kirche ist etwas, was zu glauben ist: Das Glaubensbekennnis sagt nicht, wie viele meinen, dass wir an die Kirche glauben, sondern dass wir Kirche, Gemeinde als heilig, als Leib Christi glauben. Trotz vieler gegenteiliger Erfahrungen glauben, dass in der Kirche, in unserer Gemeinde und Gemeinschaft Jesus uns nahe ist. Und dann hoffentlich manchmal auch etwas davon entdecken, wenn Gnade und Barmherzigkeit und Liebe in unserem Miteinander da sind. Dieser Satz von der Kirche als Leib Christi fordert mich heraus, mich nicht einfach abzufinden, mit dem was ist, sondern zu wünschen, dafür zu beten und mich darum zu bemühen, dass Jesus die Lufthoheit hat, gerade auch in unserem Miteinander in der Kirche. Ich schließe daher mit einem Gebet eines chinesischen Christen: „Herr, erwecke deine Kirche und fange bei mir an." Amen

Predigt über Hesekiel 36, 22-28*

Ein kleiner Junge hat im Kindergarten gehört, dass der liebe Gott überall ist. Zu Hause fragt er seine Mutter: „Stimmt das, dass der liebe Gott überall ist?“ Und die Mutter sagt: „Ja, das stimmt.“ Da zeigt der Junge hoch zur Sonne und fragt: „Ist Gott auch da oben?“ Und die Mutter sagt: „Ja, Gott ist auch da oben.“ „Ist Gott auch da ganz hinten in dem Wald hinter unserem Dorf?“ „Ja, Gott ist auch da. Gott ist überall.“ Da fragt der Junge: „Mama, dann ist Gott also auch in meinem Bauch?“ Die Mutter stutzt ein wenig, weil sie die Frage nicht so recht einordnen kann, aber dann sagt sie: „Ja, Gott ist überall, auch in deinem Bauch.“ Daraufhin der Junge: „Dann möchte Gott gerne ein Stück Schokolade.“ Ganz schön clever, der kleine Junge. Diese Geschichte kann vielleicht ein wenig etwas deutlich machen, deutlich machen darüber, was eigentlich der Heilige Geist ist, um den es heute an Pfingsten besonders geht. Wenn ich versuchen will, die schwierige christliche Lehre von der Dreieinigkeit Gottes, Gott als Vater, Sohn und Heiliger Geist, ein wenig zu verstehen, dann hilft mir folgende Unterscheidung: Gott der Vater, das ist der Schöpfer, der große, unbegreifliche, jenseitige Gott. Der Gott, der nicht in seiner Schöpfung aufgeht, sondern ihr gegenüber steht und deutlich von ihr zu unterscheiden ist. Gott geht nicht auf in der Natur, sondern er ist ihr Schöpfer und steht ihr gegenüber. Gott der Vater, der Schöpfer, das ist der Gott über uns. Gott der Sohn, das ist Jesus, in dem Gott zu uns Menschen gekommen ist, so dass wir etwas von ihm verstehen können. In dem er an unsere Seite getreten ist. Gott der Sohn: Das ist Gott neben uns. Und der Heilige Geist, das ist Gottes Kraft und Macht, die in seiner Schöpfung wirkt. Und die ganz besonders auch in uns wirken kann und will. Gott geht nicht in der Schöpfung auf, aber er steht seiner Schöpfung auch nicht distanziert gegenüber, sondern wirkt in ihr, ist in ihr anwesend durch seinen Heiligen Geist. Der Heilige Geist – das ist Gott in uns. Vater, Sohn und Heiliger Geist – Gott über uns, Gott neben uns, Gott in uns.

*Gehalten am Pfingstsonntag 2013 in der Evangelischen Kirche Issum

Dass Gott in uns Menschen wohnt und wirkt, das ist eine Hoffnung und eine Verheißung, die schon lange vor dem ersten Pfingstfest in Jerusalem aufgekommen ist. In der Zeit der babylonischen Gefangenschaft, in einer Situation, als den Israeliten ihr Elend, ihr Scheitern und Versagen deutlich vor Augen stand, da spricht der Prophet Hesekiel in Gottes Namen die Verheißung aus, dass Gott den Menschen in besonderer Weise seinen Geist schenken und sie so verändern will. Ich lese Hesekiel 36, 22- 28: *Darum sollst du zum Hause Israel sagen: So spricht Gott der HERR: Ich tue es nicht um euretwillen, ihr vom Hause Israel, sondern um meines heiligen Namens willen, den ihr entheiligt habt unter den Heiden, wohin ihr auch gekommen seid. Denn ich will meinen großen Namen, der vor den Heiden entheiligt ist, den ihr unter ihnen entheiligt habt, wieder heilig machen. Und die Heiden sollen erfahren, dass ich der HERR bin, spricht Gott der HERR, wenn ich vor ihren Augen an euch zeige, dass ich heilig bin.Denn ich will euch aus den Heiden herausholen und euch aus allen Ländern sammeln und wieder in euer Land bringen,und ich will reines Wasser über euch sprengen, dass ihr rein werdet; von all eurer Unreinheit und von allen euren Götzen will ich euch reinigen. Und ich will euch ein neues Herz und einen neuen Geist in euch geben und will das steinerne Herz aus eurem Fleisch wegnehmen und euch ein fleischernes Herz geben. Ich will meinen Geist in euch geben und will solche Leute aus euch machen, die in meinen Geboten wandeln und meine Rechte halten und danach tun.Und ihr sollt wohnen im Lande, das ich euren Vätern gegeben habe, und sollt mein Volk sein und ich will euer Gott sein.*

1.) Nicht euretwegen, sondern meinetwegen

„Ich will euch ein neues Herz und einen neuen Geist schenken." Das ist eine schöne Verheißung. Aber vor dieser Verheißung, quasi als ihre Begründung, steht der seltsame Satz: Gott sagt: Ich will das alles nicht euretwegen tun, sondern meinetwegen, wegen meines heiligen Namens. Das hört sich zunächst so an, als ob die Menschen und ihr Schicksal Gott eigentlich ganz egal wären, als ob es hier quasi nur um eine Art göttliche Selbstverwirklichung ginge. Mich hat dieser Satz „Nicht

euretwegen, sondern meinetwegen“ ziemlich gestört, bis ich gefragt habe: Wo ist denn letztlich unser Heil begründet, wo hat Gottes Vergebung, seine Zuwendung, seine Gnade, von der der Text spricht, wo hat das seinen Grund? Gott sei Dank ja nicht in meinem Tun. Nicht darin, dass ich so gut oder so fromm oder so engagiert wäre. Denn in mir steckt ja immer auch das andere: Bosheit, Unglaube, Egoismus. Wenn Gott „meinetwegen“ an mir handeln würde, wegen dem, wie ich bin, dann käme da wohl nicht, jedenfalls nicht nur Gnade und Barmherzigkeit als Entsprechung heraus. Meinetwegen, auf Grund dessen, wie ich bin und was ich tue, wäre kein Heil zu erwarten oder es wäre zumindest immer etwas sehr Unsicheres und Ungewisses. Gut, dass Gott in diesem Sinne nicht meinetwegen handelt, sondern seinetwegen, um seines heiligen Namens willen, um seiner Treue willen. Es gibt im Neuen Testament im 2. Timotheusbrief (2, 13) einen Satz, den ich sehr tröstlich finde, der genau diesen Gedanken unterstreicht: Dort heißt es über Jesus: *„Sind wir untreu, so bleibt er doch treu; denn er kann sich selbst nicht verleugnen.“* Unser Heil, Gottes Liebe und Annahme, seine Gnade und Vergebung ist nicht in meinem Tun und Handeln begründet, sondern in Gottes Treue. Nicht meinetwegen, sondern seinetwegen. Und gerade dann, wenn ich wieder mal merke, wie wenig ich von Glauben und Hoffnung und Liebe bestimmt bin, wenn ich traurig bin, wie wenig davon zu bemerken ist, dass in mir der Heilige Geist wohnt, gerade dann ist das ein sehr tröstlicher Gedanke: „Sind wir untreu, so bleibt er doch treu.“ - Die Verheißung des neuen Herzens und des Heiligen Geistes gilt Menschen, die es nicht verdient haben, für die es eigentlich nicht zu erwarten wäre.

Ein Journalist besuchte ein Gefängnis. Der Gefängniswärter zeigte ihm ein Bild, das ein Gefangener gemalt hatte: Ein Bild in leuchtenden Farben: Zwölf Männer blicken bestürzt nach oben, ihr Haar zerzaust, die Gesichter in strahlendes Licht getaucht, die Augen weit aufgerissen und übertrieben groß. Der Gefängniswärter meinte dazu etwas abfällig: "Pfingsten nennt er das Bild. Er hat es für unsere Anstaltskirche gemalt. Aber er darf es nicht aufhängen, weil er nur Mitgefangene gemalt hat, und zwar die allerschlimmsten, die richtigen Verbrecher!"

Später konnte der Journalist mit dem Maler sprechen. Und er sagte: "Ich finde Ihr Bild aufregend, aber warum haben Sie Sträflinge gemalt? Die Männer vom ersten Pfingstfest waren doch die Jünger!" Der Maler antwortete: "Aber an Pfingsten ist alles anders geworden. Fromme brauchen diese Erkenntnis nicht so sehr. Doch denen, die an sich verzweifeln, muss man zeigen, dass ein neuer Anfang möglich ist, dass durch Gottes Geist Sünder radikal umgewandelt werden können!" "Aber warum haben Sie gerade die schlimmsten ihrer Mitgefangenen ausgesucht?" "Pfingsten ist ein Wunder", erwiderte der Künstler, "die kleinen Sünder kann auch die eigene Frau ändern, die ändert mitunter sogar das Gefängnis. Aber die ganz großen, die kann nur Gott ändern." Dann klopfte er wortlos auf eine Stelle des Bildes. Dort hatte er sich selbst mit hineingemalt. "Die ganz großen Sünder", wiederholte er noch einmal, "die ändert nur Gott."

Das ist die Hoffnung ja nicht nur für die vermeintlich großen Sünder im Gefängnis, sondern für uns alle: Dass Gott durch seinen Geist an uns und in uns wirkt. Nicht um unseretwillen, weil wir das verdienen, sondern um seinetwillen. Dass er unser Herz verändert, was wir jeden Tag neu nötig haben. Nicht euretwegen, sondern meinetwegen, das war das erste.

2.) Herzensangelegenheit

Was ist damit gemeint, wenn von einem neuen Herzen die Rede ist? Wenn ich mir etwas zu Herzen nehme, dann heißt das: Etwas ist mir ganz wichtig. Da bleibt etwas nicht nur äußerlich, an der Oberfläche, sondern berührt mich im Zentrum. Das Herz, das ist die Mitte, das Zentrum unserer Person, und es umfasst Fühlen, Wollen und Verstand. Glaube ist eine Herzensangelegenheit: Nicht nur ein religiöses Gefühl jeden 2. oder vielleicht auch nur jeden 5. Sonntag morgens um 10.00 Uhr. Nicht nur eine Überzeugung in unserem Verstand. Sondern eine Herzensangelegenheit: Dass Gott in der Mitte unseres Lebens vorkommt, dass der Heilige Geist in unserem Herzen wohnt.

Oftmals sieht es bei uns ja ganz anders aus. Im Text ist die Rede von den versteinerten Herzen. Versteinerte Herzen sind kalt und hart. Hart sein gegen andere, sich nicht berühren lassen von Gott und von anderen Menschen, sich nicht in Mitleidenschaft ziehen lassen.

Wie kann unser oft versteinertes Herz sich ändern? Manchmal geschieht es, dass Menschen so radikal verändert werden, als hätte der Heilige Geist eine Herztransplantation vorgenommen. So, wie es in unserem Text verheißen wird.

Aber ganz oft ist das bei uns auch nicht so der Fall. Letztlich glaube ich, dass die Verheißung des völlig veränderten, neuen Herzens erst im Himmel erfüllt wird. Die Jünger damals blieben auch nach Pfingsten zwiespältige Menschen: Menschen, die vom Heiligen Geist bewegt wurden, Menschen voll Glauben und Hoffnung und Liebe. Aber manchmal auch Menschen, die geltungssüchtig oder feige waren. Und so ist es wohl auch bei uns: Dass der Heilige Geist unser Herz bewegt, aber auch, dass ganz andere Geister uns da antreiben.

Ein indischer Dorfpfarrer fragte einen Mann, der vor kurzem Christ geworden war, wie es ihm im Glauben gehe. Der antwortete: "Es ist, als hätte ich in meinem Herzen zwei Katzen, eine weiße und eine schwarze. Beide kämpfen dauernd miteinander." Der Pfarrer sagte: „Das ist ganz normal." Da fragte der Mann: „Aber welche Katze wird denn gewinnen?" Und der Pfarrer antwortete: "Diejenige, die auf Dauer besser gefüttert wird."

Wir können unser Herz nicht verändern. Aber wir können darauf achten, wie die Katzen in unserm Herzen gefüttert werden. Die Einflüsse, denen ich mich aussetze, die prägen mein Herz. Und wahrscheinlich wissen wir ganz gut, welche Einflüsse bei uns dem Heiligen Geist widersprechen.

Gemeinsam Gott loben, versuchen, auf ihn zu hören, sich berühren lassen von der Not anderer Menschen, vor Gott still werden – damit geben wir dem Heiligen Geist Raum in unserem Herzen. Und dann, wenn wir die Sehnsucht nach Gottes Handeln an uns wachhalten, die sich in diesem Gebet von Antje Naegeli ausdrückt:

„Manchmal träume ich, Herr, von einem neuen Herzen. Ein Herz ersehne ich mir, das sich ganz an dich verliert, ein Herz, das für dich brennt und deinen Willen liebhat, ein Herz voll Vertrauen, ein Herz, in dem Raum ist für die Leidenden, ein Herz, das sich nicht ängstlich einmauert, sondern wagt, seine Verwundbarkeit anzunehmen, weil es aus deiner heilenden Liebe lebt, ein Herz, das mitten im Lärm deine Stimme erkennt, in dem dein Lobpreis lebendig ist. Lass mich nicht müde werden, mein Gott, ein solches Herz von dir zu erbitten." (Aus: Antje S. Naegeli, Du hast mein Dunkel geteilt, Verlag Herder, Freiburg i.Br., 21. Auflage 2001)

Predigt über 2 Korinther 9, 6 - 8*

Ein Mann hat einmal berichtet: „Früher wohnten wir in Köln und hatten einen Nachbarn, der sehr auf sein Eigentum bedacht war. Eines Tages hatte er sein Haus frisch verputzt und eines unserer Kinder lehnte sein Fahrrad gegen die Wand. Der Nachbar klingelte uns heraus und sagte empört: „Da, sehen Sie! diese Kratzer!“ Und dann sagte er noch etwas mit ganz trauriger Stimme: „Wo doch das Eigentum das einzige ist, was ich noch habe.“ Eine traurige Geschichte von einem Mann, der viel besitzt, und doch ganz arm ist. Genau das Gegenteil drückt sich in einer Aktion aus, die der christliche Liedermacher Arno Backhaus einmal in der Nürnberger Fußgängerzone gemacht hat: Er hat sich vor ein Geschäft gesetzt, einen Korb mit Geldstücken vor sich hingestellt und daneben ein Schild mit einer Aufschrift. Wenn Passanten diese Aufschrift lasen, haben sie nicht schlecht gestaunt: Hier wurde nicht die übliche Bitte um eine milde Gabe geäußert, vielmehr stand auf dem Schild:"Ich bin überreich beschenkt - bitte nehmen Sie sich etwas heraus." Durch diese Aktion hat sich manches Gespräch über den christlichen Glauben ergeben. Darüber, dass Gott Menschen so reich beschenken will, dass sie dankbar und zu fröhlichem Abgeben bereit werden. Um solch fröhliches Geben aus Dankbarkeit geht es im Predigttext am Erntedankfest. Unser Text ist Teil eines langen Spendenaufrufs, in dem Paulus mit vielen Worten darum wirbt, die verarmte Jerusalemer Urgemeinde großzügig zu unterstützen. In unserem Abschnitt nennt Paulus die entscheidende christliche Motivation für Teilen und Abgeben und Engagement. Ich lese aus 2. Korintherbrief 9, 6-8: *Denkt daran: Wer spärlich sät, wird nur wenig ernten. Aber wer mit vollen Händen sät, auf den wartet eine reiche Ernte. Jeder soll so viel geben, wie er sich in seinem Herzen vorgenommen hat. Es soll ihm nicht leid tut, wenn er abgibt, und er soll es auch nicht tun, weil er sich dazu gezwungen fühlt. Denn einen*

* Gehalten am Erntedanksonntag 2010 in der Evangelischen Kirche Issum

fröhlichen Geber hat Gott lieb. Gott hat die Macht, euch so reich zu beschenken, dass ihr nicht nur jederzeit genug habt für euch selbst, sondern auch noch anderen reichlich Gutes tun könnt.

Vielleicht erinnern Sie sich an eine Fernsehwerbung, die es mal für die ARD Fernsehlotterie „Die Goldene Eins" gab: Ein Mann sitzt in einer gut gefüllten Kirche im Gottesdienst. Er sieht zunächst ganz entspannt aus. Doch dann kommt der Moment, wo die Kollekte eingesammelt wird: Ein Presbyter geht mit so einem Klingelbeutel an der Stange durch die Reihen. Langsam nähert sich der Klingelbeutel diesem Mann. Der greift in die eine Jackentasche: Nichts – kein Portemonnaie. Er greift in die andere Jackentasche: Auch dort kann er kein Geld finden. Langsam wird er hektisch, Schweiß bildet sich auf der Stirn und er sucht verzweifelt in seinen Hosentaschen, ob er dort noch etwas Geld findet. Aber vergeblich. Und der Klingelbeutel nähert sich unaufhaltsam. Schließlich reißt der Mann einen Messingknöpfe von seiner Jacke ab und wirft diesen in den Klingelbeutel. Rettung in letzter Sekunde? Nein: Der Messingknopf macht „Pleng" im Klingelbeutel. Der scheppert ganz komisch, alle anderen Leute hören das, merken sofort: Da hat einer einen Knopf reingeworfen. Und sie schauen den armen Mann völlig vorwurfsvoll an. Und am Ende dieses Werbespots die Botschaft : „Wenn sie Geld brauchen – ein Los der Goldenen Eins".

Ich habe zwar schon mal einen Knopf in der Kollekte gefunden, habe aber selbst noch nie einen rein geworfen. Aber diesen Druck, etwas geben zu müssen, den kenne ich sehr wohl. Was sollen die anderen von mir denken, wenn ich nichts gebe? Die halten mich hinterher noch für geizig.

Die Erwartungen der Mitmenschen, auch in der Gemeinde, die können einen unter Druck setzen: Etwa die Erwartung: Als Christ spendet man großzügig. Oder die Erwartung: Ein Christ engagiert sich in der Gemeinde. Arbeitet mit in Gruppen und Kreisen. Bringt seine Talente in die Gemeinde ein und opfert seine Zeit für andere Menschen. Oder auch: Christen müssen sich politisch engagieren und sich für

Gerechtigkeit, Frieden und Bewahrung der Schöpfung einsetzen – und nur noch fair gehandelte Schokolade kaufen.
Spenden, abgeben ist ja gut und wirklich wichtig und angesagt. Wir leben in Deutschland nach wie vor in großem Überfluss und können und sollen teilen. Mitarbeit, Engagement in der Gemeinde ist ganz wichtig. Unsere Gemeinde kann nur funktionieren, wenn viele Menschen da sind, die sich engagieren. Und auch der Einsatz für Frieden und Gerechtigkeit und Bewahrung der Schöpfung ist unverzichtbar. Ja, das ist alles richtig und wichtig und gut. Aber wo ich spende oder mich engagiere, weil andere das erwarten, da handle ich aus Zwang. Und deshalb oft mit Unlust und nicht fröhlich. Paulus sagt aber: *„Es soll euch nicht leid tut, wenn ihr abgebt, und ihr sollt es auch nicht tun, weil ihr euch dazu gezwungen fühlt. Denn einen fröhlichen Geber hat Gott lieb“.* Wer Geld oder Zeit oder Engagement gibt, weil andere Menschen das erwarten oder fordern, der ist kein fröhlicher Geber, keine fröhliche Geberin. "Fröhliche Geber" sind wir auch nicht, wenn wir meinen, wir müssten abgeben, müssten uns engagieren, weil Gott es von uns verlangt. Theoretisch wissen wir vielleicht, was der christliche Glaube sagt: Dass Gott uns umsonst, allein aus Gnade und nicht wegen unserer Leistungen und guten Taten annimmt. Aber es gibt dann doch immer wieder die heimliche Sorge, Gottes Gnade und Liebe doch erst verdienen zu müssen. Zumindest im Nachhinein, durch mein Engagement, durch meine guten Werke. Wo diese Sorge herrscht, da setzen wir uns vielleicht vorbildlich ein, machen alles, was Recht ist. Aber es geschieht gezwungenermaßen und mit Unlust. Und Gott wünscht sich doch etwas anderes: *"Einen fröhlichen Geber hat Gott lieb."*
Es stellt sich also die Frage: Wie wird man zu einem "fröhlichen Geber", zu einer „fröhlichen Geberin“? - Es gibt im Neuen Testament eine Person, die ist für mich so etwas wie der Prototyp des fröhlichen Gebers: Zachäus, dessen Geschichte wir vorhin in der Lesung gehört haben. Zachäus war sein Leben lang ein Raffhals gewesen. Wenn ich an Zachäus denke, dann stelle ich ihn mir mit den Gesichtszügen von Dagobert Duck vor. Zachäus hat genommen, wo er nur nehmen konnte. Teilen und

Abgeben waren für ihn Fremdworte. „Geiz ist geil“ war sein Lebensmotto. Er war so sehr reich geworden, aber zugleich auch ein ganz armer Mensch: Einsam, unbeliebt, von seinen Mitmenschen gemieden. Eines Tages kommt es zur radikalen Wende: Aus dem raffgierigen Geizhals wird ein äußerst großzügiger Mensch, der die Hälfte seines Vermögens an die Armen verschenkt. Was hat Zachäus dazu gebracht? Nicht plötzliche Gewissensbisse. Auch nicht eine taktische Überlegung: „Wenn ich was spende, mache ich mich beliebt, ich kauf mir meine Freunde.“ Es war auch keine Bußpredigt, die Zachäus zum Teilen veranlasst hat, etwa nach dem Motto: „Wer nicht mindestens 10 % des Bruttoeinkommens gibt, der kommt nicht in den Himmel.“

Was Zachäus verändert und zu einem großzügigen Menschen gemacht hat, das ist die Begegnung mit Jesus: Jesus, der zu dem unbeliebten Geizhals sagt: Ich will mit dir zu tun haben. Jesus, der Zachäus angenommen hat, ohne irgendwelche Vorbedingungen zu stellen. Jesus, in dem Gott selber dem Zachäus begegnet ist als ein liebender, vergebender Gott. Diese Erfahrung von Angenommensein, von Gottes Liebe hat Zachäus zu einem fröhlichen Geber gemacht. Zu einem Menschen, der wusste: Ich bin überreich beschenkt. Deswegen kann und möchte ich abgeben von dem, was ich habe. - Wir alle sind von Gott reich beschenkte Menschen. Das Erntedankfest erinnert daran, dass Gott uns zahlreiche Gaben gibt: Materielle Güter: Überreichlich Essen und Trinken. Gesundheit, Fähigkeiten, reichmachende Begegnungen und Erfahrungen, Freundschaften und vieles andere. Wenn man sich mal die Zeit nimmt und aufschreibt, was wir alles an guten Gaben von Gott bekommen haben - ich bin sicher, bei jedem von uns wird sich eine lange Liste ergeben. Und vielleicht ist es hilfreich, das wirklich mal zu tun: Damit wir nicht immer nur neidisch oder sehnsüchtig auf das schauen, was wir nicht haben, sondern uns freuen über das, was Gott uns schenkt. Ich denke, dass solches „Sich-Bewusstmachen“ uns auch helfen kann, die Dinge, die wirklich kostbar sind, nicht leichtfertig aufs Spiel zu setzen: Die Kinder vom KU3-Unterricht haben letzten Samstag eine Umfrage gemacht zu dem Thema, was die Menschen reich macht, was für sie ein Schatz ist. Und wie zu erwarten war, waren es vor allem die Beziehungen zu anderen Menschen, die uns lieb und teuer sind. Aber gerade das, was so kostbar ist, gerade das setzen wir manchmal sehr leichtfertig aufs Spiel: Wieviele Freundschaften sind schon daran zerbrochen, dass man nicht bereit war, nach einem Streit oder Missverständnis wieder aufeinander zuzugehen, sich wieder neu zuzuhören, sich zu verzeihen. Wenn ich mir bewusst mache, was mein Leben reich macht, dann gehe ich damit hoffentlich auch behutsam um und zerstöre es nicht durch Stolz und Unnachgiebigkeit.

Reich, ja überreich beschenkt sind wir aber vor allem anderen noch durch eine anderen Gabe. Paulus sagt: *"Dank sei Gott für seine unbeschreibliche Gabe".* Dieses Geschenk Gottes, das so groß ist, dass dem Paulus die Worte fehlen – „unbeschreiblich" sagt er -, dieses Geschenk ist genau das, was Zachäus empfangen und was ihn verändert hat: Gottes unbeschreibliche Gabe ist, dass der Schöpfer des Himmels und der Erde jeden von uns liebhat. Ohne Vorbedingungen. Egal, wer wir sind und wie wir sind. Das hat er in Jesus gezeigt. Wenn wir diese unbeschreibliche Gabe Gottes wahrnehmen, dann kann das zu dem fröhlichen Geben führen, das Paulus meint: Ein Geben, nicht aus Zwang, nicht aus schlechtem Gewissen, sondern aus Freude darüber, dass wir von Gott so reich beschenkt sind. Ein Geben, bei dem man keine Sorge haben muss, dass man hinterher selber zu wenig hat. Unser Text sagt: *„Gott hat die Macht, euch so reich zu beschenken, dass ihr nicht nur jederzeit genug habt für euch selbst, sondern auch noch anderen reichlich Gutes tun könnt."*

Vielleicht wird jetzt mancher sagen: Die Botschaft von Gottes unbeschreiblicher Gabe hör ich wohl - allein mir fehlt die Freude darüber. Vielleicht, weil wir diese frohe Botschaft schon so oft gehört haben. Vielleicht auch, weil es ein Glaubenssatz ist, den wir im Kopf haben, aber von dem wir oftmals nicht so viel in unserm Herzen fühlen. Die Freude über Gottes "unbeschreibliche Gabe", die können wir uns nicht selber machen. Und deswegen können wir es auch nicht machen, dass wir zu fröhlichen Gebern werden.

"Einen fröhlichen Geber hat Gott lieb" - diesen Satz kann man auch in den falschen Hals kriegen nach dem Motto: "Jetzt soll ich nicht nur spenden und mich engagieren, sondern auch noch fröhlich dabei aus der Wäsche schauen. Auch dann, wenn mir womöglich gar nicht danach zu Mute ist. Immer hübsch fröhlich, immer lächeln, immer gute Miene."

Nein, ich kann mich nicht zum fröhlichen Geber machen. Und ich bin sicher auch nicht immer fröhlich dabei, wenn ich abgebe oder mich engagiere. Manchmal muss ich mich auch dazu aufraffen, wenn mir gar nicht danach zumute ist. Ich kann keine Fröhlichkeit in mir produzieren. Aber Gott kann sie mir schenken. Ich wünsche uns, dass Gottes unbeschreibliche Gabe, seine Liebe zu uns, uns immer wieder neu anspricht und motiviert. Gerade der Gottesdienst kann ein Ort sein, wo das geschehen kann. Dass wir so berührt werden, dass wir wie Zachäus fröhliche Geberinnen und Geber sind. Darum möchte ich Gott jetzt auch bitten: „Vater im Himmel, danke für alles Gute, was du uns schenkst. Danke vor allem dafür, dass du uns liebhast. Bitte schenke, dass deine Liebe immer wieder unser Herz berührt. Damit wir zu dankbaren und frohen Menschen werden, die auch fröhlich abgeben können."

Amen

Predigt über Lukas 18, 9-14*

Vor der Predigt möchte ich noch kurz einen Schluck trinken. Ich habe hier meine Kaffeekanne mitgebracht. Und heute will ich auch noch was anderes in den Kaffee reintun: Sie werden mich ja bestimmt nicht bei der Superintendentin verpetzen, da kann ich jetzt ja auch noch einen Schluck Rum reintun. Dann wird meine Predigt bestimmt auch viel unterhaltsamer. Eigentlich gehört hier noch ein bisschen Sahne drauf, aber darauf verzichte ich mal. Das Getränk, das ich mir hier gemixt habe, heißt "Pharisäer". Es stammt aus Friesland: Wenn der Pfarrer dabei war, hatten die Bauern dort ihren Rum immer auf die Weise heimlich getrunken. Eines Tages hat der Pfarrer nur leider die falsche Tasse bekommen, und als er den Rum im Kaffee geschmeckt hat, hat er ganz empört gerufen: "Ihr Pharisäer." An dieser Geschichte, an diesem Getränk, wird deutlich, was wir normalerweise so unter einem Pharisäer verstehen: Einen Heuchler nämlich. Einen Menschen, der nach außen ganz fromm und gottesfürchtig tut, bei dem es innen aber ganz anders aussieht. Und mit diesem Verständnis tun wir den wirklichen Pharisäern ein großes Unrecht.

Die Pharisäer waren zur Zeit Jesu eine religiöse Gruppe im Judentum, die es mit Gottes Geboten ganz genau nahmen. Die sich bemüht haben, ganz echt, ganz authentisch, ganz nach Gottes Willen zu leben. Im heutigen Predigttext kommt so ein Pharisäer vor. Und es ist wichtig, dass wir da kein Zerrbild vor Augen haben. Die Pharisäer waren keine Heuchler, sondern engagierte, aufrichtige fromme Menschen.

In dem Text kommt noch ein zweiter Mann vor, ein Zöllner, ein Zollbeamter. Für unser Verständnis haben Zollbeamte eigentlich keinen schlechten Ruf. Damals, zur Zeit Jesu, war Zöllner eines der schlimmsten Schimpfworte, das es gab. Weil Zöllner Ganoven, Verbrecher, Halsabschneider waren. Die nutzten ihre Machtposition aus, um die Menschen zu schröpfen. Und deswegen gehörten sie zu den bestgehassten Menschen damals.

*Gehalten am Reformationstag 2006 in der Evangelischen Kirchengemeinde Issum

Beides müssen wir uns vor Augen führen, um Jesu Gleichnis vom Pharisäer und Zöllner nachzuvollziehen. Ein Gleichnis, mit dem Jesus die Leute damals gefragt hat, mit dem er uns fragt: Wie schaust du auf deine Mitmenschen? Und wie, wodurch meinst du, vor Gottes Augen bestehen zu können? Und das war ja auch die Grundfrage Luthers, die Frage, die die Reformation mit ausgelöst hat. In Luthers Worten die Frage: Wie bekomme ich einen gnädigen Gott?

Ich lese den Predigttext Lukas 18, 9-14: *Jesus sagte aber zu einigen, die sich anmaßten, fromm zu sein, und verachteten die andern, dies Gleichnis: Es gingen zwei Menschen hinauf in den Tempel, um zu beten, der eine ein Pharisäer, der andere ein Zöllner. Der Pharisäer stand für sich und betete so: Ich danke dir, Gott, dass ich nicht bin wie die andern Leute, Räuber, Betrüger, Ehebrecher oder auch wie dieser Zöllner. Ich faste zweimal in der Woche und gebe den Zehnten von allem, was ich einnehme. Der Zöllner aber stand ferne, wollte auch die Augen nicht aufheben zum Himmel, sondern schlug an seine Brust und sprach: Gott, sei mir Sünder gnädig! Ich sage euch: Dieser ging gerechtfertigt hinab in sein Haus, nicht jener. Denn wer sich selbst erhöht, der wird erniedrigt werden; und wer sich selbst erniedrigt, der wird erhöht werden.*

1.) Die Fehler des Pharisäers

Was der Pharisäer hier von sich sagt, ist ja zunächst mal sehr sympathisch: Es ist sympathisch, dass er nicht die Ehe bricht, dass er seine Geschäftspartner nicht übers Ohr haut, dass er nicht die Steuer hinterzieht, dass er spendabel ist und Menschen in Not kräftig unterstützt: Zehn Prozent des Bruttoeinkommens spenden, wer von uns tut das schon? Und was er da von sich erzählt, das können wir ihm abnehmen. Denn, wie gesagt, die Pharisäer waren in aller Regel keine Heuchler, sondern aufrichtige Menschen.

Was nun ist sein Fehler, dass er in den Augen Jesu so schlecht wegkommt? Ich denke, das es zwei Dinge sind, die problematisch sind. Das eine ist der verächtliche Blick auf die Menschen, die nicht so sind wie er. "Ich danke dir, Gott, dass ich nicht so bin wie die anderen Leute, Räuber, Betrüger, Ehebrecher oder auch dieser Zöllner." Nun ist er ja tatsächlich in gewissem Sinne besser als diese anderen, er lebt nach Gottes Geboten, die diese gar nicht beachten. Aber er benutzt die anderen Menschen quasi als Negativfolie, um dadurch selber besser dazustehen: Die anderen sind so schlecht - ach wie bin ich doch gut. Das ist eine Vorgehensweise, die wir, denke ich, alle kennen: Warum macht Lästern so viel Spaß? Wenn ich über einen anderen lästere, dann stelle ich dessen vermeintlichen oder wirklichen Schwächen heraus. Und stehe dadurch selber ein bisschen besser da. Denn ich bin ja nicht so dick, verklemmt, albern, zickig wie der andere. Wenn ich den anderen klein mache, werde ich dadurch automatisch größer.

Jesus sagt: Dieser Missbrauch des Mitmenschen als Negativfolie ist gegen Gottes Willen. Das Zeigen mit dem Zeigefinger auf den anderen - "ha, was ist der schlecht" - das ist keine christliche Geste. Das Packen an die eigene Nase, das ist eine christliche Geste. Natürlich kann und soll ich dankbar sein, wenn meine Ehe in Ordnung ist. Wenn ich es schaffe, ehrlich zu bleiben. Wenn ich nicht völlig auf den Besitz fixiert bin, sondern wenn ich die Freiheit habe, zu teilen. Und doch habe ich ja, wenn ich ehrlich bin, es nötig, mich jeden Tag an die eigene Nase zu packen: Habe Gottes Vergebung nötig. Und dürfte eigentlich nicht verächtlich auf die anderen herabsehen, um mir selber dadurch groß und gut vorzukommen.

Und damit sind wir auch schon bei dem zweiten, was bei dem Pharisäer problematisch ist: Worum geht es dem Pharisäer bei seinem Gebet? Am Ende des Gleichnisses sagt Jesus, dass der Zöllner gerechtfertigt in sein Haus ging, der Pharisäer nicht. Es geht also um Rechtfertigung, um die Frage, wie und wodurch kann ich vor Gott bestehen. Viele Menschen stellen diese Frage ja gar nicht mehr. Selbst wenn man glaubt, dass es Gott gibt, bewegt es viele Menschen nicht sehr stark, was Gott von einem hält, wie wir in seinen Augen dastehen, wie wir vor ihm bestehen können.

Aber selbst wenn wir uns diese Frage selbst vielleicht gar nicht stellen: Es bleibt eine ganz entscheidende Frage. Wenn das stimmt, dass wir Geschöpfe Gottes sind, dann

stehen wir vor ihm in Verantwortung. Und dann ist es entscheidend, dass wir vor ihm bestehen können. Genau darum geht es bei dem alten Wort Rechtfertigung: Wie und wodurch kann ich vor Gott bestehen?
Der Pharisäer meint: Damit habe ich keine Probleme. Ich kann vor Gott bestehen. Weil ich so ein guter und frommer Mensch bin. Ich tue Recht und scheue niemand. Und das ist die Haltung vieler Menschen bis heute: Ich bin doch eigentlich ganz o.k. Aber wenn wir an das Doppelgebot der Liebe denken, dann merken wir wohl alle: An diesem Maßstab gemessen, stehen wir nicht mehr so gut und fromm da.
Durch sein Tun - auch wenn es noch so vorbildlich ist - wird der Pharisäer nicht gerechtfertigt. Die Botschaft Jesu, die Botschaft des neuen Testamentes ist: Wir werden nicht dadurch in Gottes Augen o.k., wir werden nicht dadurch gerechtfertigt, dass wir alles tun, was Gott gefällt. Das schaffen wir sowieso nicht. Wir werden dadurch gerechtfertigt, dass wir uns gefallen lassen, was Gott an uns tut. Gottes Gnade, Gottes Liebe können wir nicht durch unser Tun verdienen. Wir können sie uns nur von ihm schenken lassen.
So wie der Zöllner im Gleichnis ganz auf Gottes Gnade hofft und schaut - und dann gerechtfertigt nach Hause gehen kann. Und damit sind wir beim zweiten Gedanken. Bevor ich dazu etwas sage, bekommen wir etwas zu hören: Wir hören ein Lied, das zwar nicht von Luther stammt, aber das ein Herzstück der Botschaft Luthers heraus stellt. Die Gnade Gottes. Amazing Grace (wird gesungen).

2) Amazing grace

Wahrscheinlich kennen sie dieses Lied: Amazing grace - erstaunliche Gnade. Genau das widerfährt dem Zöllner: *"Der Zöllner stand von ferne, wollte auch die Augen nicht aufheben zum Himmel, schlug an seine Brust und betete: `Gott, sei mir Sünder gnädig.` Und Jesus sagt: Dieser ging gerechtfertigt nach Hause.“* So, nur so funktioniert das. Dass wir uns von Gott seine erstaunliche, seine eigentlich unverdiente Gnade schenken lassen. Und hoffentlich darüber ins Staunen geraten.
Es wird ganz gefährlich, wenn aus der amazing grace, aus der erstaunlichen Gnade

eine Selbstverständlichkeit, ein Prinzip wird: Nach dem Motto: Gott ist ja sowieso gnädig. Von daher ist es ganz egal, ob das in meinem Leben Konsequenzen hat oder nicht. Wer zu fromm ist, wer ständig in die Kirche rennt, wer zu sehr auf die 10 Gebote beharrt, der ist wie der Pharisäer, der ist vielleicht ja nur ein frommer Heuchler. Wie gut, dass ich das nicht bin. Ich bin getauft, ich bin konfirmiert, und das reicht. Schließlich ist Gott ja ein gnädiger Gott und nimmt mich an wie ich bin.

Das Gleichnis vom Pharisäer und Zöllner ist keine Rechtfertigung von einem zöllnerhaften Leben, einem Leben, in dem Gott und sein Wille keine Rolle spielen. Sondern eine Betonung der erstaunlichen Gnade Gottes, die selbst den Menschen noch gilt, die sich ganz weit von ihm wegbewegt haben.

Wo Gottes Gnade zu einem Prinzip wird, zu einem billigen Ruhekissen, da hat man von Gottes Gnade noch gar nichts wirklich verstanden. Denn die Gnade, die Liebe Gottes, die er uns schenkt, sie will uns ja verändern. Wenn der Zöllner ein Jahr später in den Tempel gekommen wäre, hätte er vielleicht so gebetet: "Gott, ich danke dir für deine Gnade. Ich danke dir, dass sie mich verändert hat, dass ich heute viel mehr nach Dir und Deinem Willen frage als früher. Und doch werde ich ja auch weiterhin immer wieder schuldig. Schenk mir immer neu deine Gnade, verändere mich immer mehr."

Gottes Gnade ist erstaunliche Gnade, die uns verändern will. Und gerade dieses Lied "Amazing grace" kann das sehr anschaulich machen:

Der Dichter dieses Liedes, John Newton, war Sklavenhändler, Kapitän eines Sklavenschiffes. Er war extrem brutal gegenüber seiner Mannschaft und gegenüber den Sklaven, die er transportierte. Sein Spitzname lautete "Gotteslästerer." Im Januar 1748 kam er mit seinem Schiff in einen ganz schlimmen Sturm, in der Todesangst betete er: "Gott, hab Erbarmen mit uns." Und tatsächlich wurde das Schiff gerettet. John Newton sah das als Wirken Gottes, als Ausdruck der Gnade Gottes, die er nie verdient hatte. Und von da an änderte er sein Leben. Ihm wurde bewusst, dass die Sklaverei, die damals ja völlig legal war, gegen Gottes Willen verstößt. So wurde er zuerst Zollbeamter, danach Pfarrer. Er hat dann William Wilberforce, einen jungen Abgeordneten, dazu bewegen können, den Kampf gegen die Sklaverei aufzunehmen.

1808 wurde in England die Sklaverei auf Betreiben Wilberforces tatsächlich abgeschafft.

Auf dem Grabstein von John Newton standen folgende Sätze: "John Newton, Pfarrer, einst ungläubig und liederlich, im Dienst der Sklaverei in Afrika, wurde durch die reiche Gnade des Herrn und Retters Jesus Christus gerettet, erneuert, vergeben und berufen, den Glauben zu predigen, den er lange zu zerstören trachtete."

Amazing grace, erstaunliche, völlig unverhoffte und unverdiente Gnade, die einen Menschen verändert hat.

Natürlich sind wir alle hier keine Zöllner und keine Sklavenhändler. Aber auch wir sind Menschen, die Gottes Gnade nötig haben. Die Gnade, über die wir hoffentlich immer wieder staunen und uns freuen können. Die Gnade Gottes, die uns verändern möchte.

Amen

Predigt über Philipper 1, 21-25*

In einer Kirchenordnung aus dem 18. Jahrhundert ist zu lesen, dass es Aufgabe der Presbyter war, während des Gottesdienstes mit langen Stangen durch die Kirche zu gehen und die Leute anzustoßen, die eingeschlafen waren. Ich hoffe, dass das heute nicht nötig ist. Das „Wachet auf" aus dem Lied gerade ist ja auch anders gemeint: Es geht um Wachsamkeit, um Aufmerksamkeit: Aufmerksamkeit für diese andere, größere Dimension, an die wir am Ewigkeitssonntag erinnert werden: Für Gottes Wirklichkeit, für die Ewigkeit, die größer ist und weiter als unser irdisches Leben. Und die wir oft völlig aus dem Blick verlieren. Deswegen wohl schon ein berechtigter Ruf: „Wachet auf!" Seid wachsam, seid aufmerksam. Ein Weckruf auch gegen Müdigkeit und Resignation, die sich immer wieder bei uns breitmachen kann. Gerade auch dann, wenn wir traurig sind, weil wir einen lieben Menschen verloren haben. Wo sich vielleicht manchmal sogar eine gewisse Lebensmüdigkeit bei uns breit macht.

Den Predigttext könnte man fast verstehen als Worte eines Lebensmüden. Aber was sich vielleicht beim ersten Hören lebensmüde anhört, das sind in Wirklichkeit Worte voller Hoffnung und Mut. Der Predigttext stammt aus dem Brief des Paulus an die Gemeinde in Philippi. Paulus stellt da nicht am Schreibtisch in seinem Arbeitszimmer ein paar kluge Überlegungen über Gott und die Welt an. Dieser Brief ist in der Gefängniszelle in Ephesus entstanden, wo Paulus wegen seiner Predigt von Jesus gelandet ist. Und es ist für ihn völlig offen, ob er am Ende freigelassen wird, oder ob er zum Tode verurteilt wird. In dieser Situation schreibt Paulus:

Denn Christus ist mein Leben und Sterben ist mein Gewinn. Wenn ich aber weiterleben soll im Fleisch, so dient mir das dazu, mehr Frucht zu schaffen; und so weiß ich nicht, was ich wählen soll. Denn es setzt mir beides hart zu: Ich habe Lust, aus

*Gehalten am Ewigkeitssonntag 2011 in der Evangelischen Kirche Issum

der Welt zu scheiden und bei Christus zu sein, was auch viel besser wäre; aber es ist nötiger, im Fleisch zu bleiben um euretwillen. Und in solcher Zuversicht weiß ich, dass ich bleiben und bei euch allen sein werde, euch zur Förderung und zur Freude im Glauben. (Philipper 1, 21-25)

„Ich habe Lust, aus der Welt zu scheiden", „Ich möchte am liebsten aus diesem Leben scheiden und bei Christus sein, das wäre bei weitem am besten."

„Ich möchte am liebsten aus diesem Leben scheiden" das hört sich an wie der Satz eines Menschen, der resigniert, dem das Leben zur Last geworden wird, der keine Perspektive mehr sieht. Wenn so ein Satz fällt, dann schrillen bei mir die Alarmglocken. Da denkt man an Menschen, die ihrem Leben selbst ein Ende setzen. Da denke ich auch an die Äußerungen vieler alter, einsamer und kranker Menschen, die etwa erzählen: »Ich habe schon so oft gebetet, dass der liebe Gott mich von hier wegnimmt. Ich möchte am liebsten sterben."

Wenn Menschen sagen, dass sie gerne sterben möchten, dann steckt da selten eine Sehnsucht nach dem Tod dahinter, sondern vielmehr der Wunsch, dem Leben zu entfliehen. Dem Leben, das unerträglich geworden scheint. Wenn Paulus sagt „Ich möchte am liebsten aus diesem Leben scheiden", dann ist das nicht Resignation. Mag sein, dass er auch ein bisschen müde geworden ist. Aber der Grundtenor in diesem Text ist nicht ein negativer: „Ich bin lebensmüde, ich habe keine Lust mehr." Sondern die positive Aussage: „Ich möchte ganz bei Christus sein." Das ist es nämlich, was Paulus mit dem Tod verbindet, was der Tod für ihn bedeutet: Dann ganz bei Christus zu sein – und deswegen sagt er, dass Sterben ihm Gewinn bringt.

Was verbinden wir mit dem Gedanken an den Tod, ans Sterben? Den entscheidenden Gedanken hat für mich sehr schön ein Grundschulkind auf den Punkt gebracht, deswegen zitiere ich zum wiederholten Male die neunjährige Martha. Sie hat gesagt: „Wenn du stirbst musst du keine Hausaufgaben mehr machen. Es sei denn, deine Lehrerin ist auch da drüben." Was ich an dieser Antwort so gut finde, ist, dass es hier um die entscheidende Frage geht. Nämlich: Wen treffen wir eigentlich da drüben ?

Der christliche Glaube gibt uns die Hoffnung, dass es ein „Da drüben“ gibt. Dass es mehr gibt als nur das Leben auf dieser Welt, dass es mehr gibt als Raum und Zeit. Dass der Tod nicht das Ende der Sackgasse ist, sondern der Durchgang in die Ewigkeit. Das wäre ja auch schon seltsam, wenn das, was wir mit unseren Sinnen erfassen können, wenn das wirklich alles wäre. Ich finde es daher durchaus plausibel, dass es mehr gibt, dass es ein „da drüben“ gibt. Und seit Ostern, seit Jesu Auferweckung ist das nicht nur eine vage Spekulation, sondern eine begründete Hoffnung für uns Menschen. Aber wenn es dieses „da drüben“ gibt - auf wen treffen wir dort?

Für viele Menschen, die einen geliebten Menschen verloren haben, ist das die große Hoffnung, dass man „da drüben“, dass man im Himmel den Vater oder die Mutter, den Ehepartner oder das Kind wiedertrifft, die man hier verloren hat.

Der Himmel, die Ewigkeit ist ja etwas, was wir uns nicht ausmalen können. Und die Bibel ist da sehr diskret, spekuliert nicht darüber, wie es da sein mag. Aber sie sagt 2 Dinge, die ich sehr wichtig finde: Sie sagt, dass es in Gottes Ewigkeit kein Leid und keine Tränen mehr geben wird. Und deswegen hoffe ich auch auf das Wiedersehen mit den geliebten Menschen, die man verloren hat. Denn dieser Verlust, diese Trennung von geliebten Menschen ist ja der Hauptgrund für Leid und Tränen. Ein Himmel, in dem wir traurig wären, weil uns geliebte Menschen fehlen, das wäre kein Himmel. Ich hoffe auf ein himmlisches Wiedersehen mit geliebten Menschen. Aber das Zentrum der christlichen Hoffnung ist etwas anderes: Nämlich die Hoffnung, ganz bei Gott, ganz bei Christus zu sein. Paulus sagt nicht: „Ich möchte am liebsten aus diesem Leben scheiden und bei meinem Vater und meiner Mutter sein“, sondern er sagt: „Ich möchte am liebsten aus diesem Leben scheiden und bei Christus sein.“

Der Theologe Adolf Schlatter hatte kurz vor seinem Tod einen Traum, von dem er dann seinen Freunden berichtet hat: Er träumte, dass er gestorben sei, und dann sei ihm seine Frau entgegengekommen, die vor ihm gestorben war. Aber er sagte zu seiner Frau: „Zuerst will ich zu Christus hin.“ - Sicher, das war nur ein Traum. Und es wäre falsch, wenn man da eine Konkurrenzsituation sieht zwischen der Sehnsucht nach Gott und der Sehnsucht nach geliebten Menschen. Beides schließt einander nicht aus, sondern passt gut zusammen. Aber es muss eben auch beides zusammenkommen. Ein Himmel, in dem ich meine Lieben wiedertreffe, aber nicht bei Gott, nicht bei Christus ankomme, das wäre kein Himmel, das wäre auch dauerhaft nicht befriedigend, weil es letztlich nur die Fortsetzung des Irdischen wäre. Das Zentrum der christlichen Hoffnung ist das, was Paulus sagt: Ganz bei Christus zu sein - und dann keine Fragen, keine Zweifel, keine Trennung mehr zu haben.

Christliche Hoffnung über den Tod hinaus, das ist die Hoffnung, ganz bei Gott, bei Christus anzukommen Und das ist für mich eigentlich nur dann attraktiv, wenn Gott, wenn Jesus mir hier in meinem Leben schon wichtig ist. Und so ist das die beste Vorbereitung auf die Ewigkeit: Dass wir unsere Sehnsucht nach Gott pflegen. Dass wir hier im Leben nach ihm fragen und mit ihm reden.

Ein Mann, der im Krankenhaus lag und nur noch wenige Wochen zu leben hatte, der sagte zum Pfarrer: „Es fällt mir oft so schwer, zu beten. Können Sie mir einen Rat geben?" Der Pfarrer sagte zu ihm: „Wenn Sie beten wollen, dann stellen Sie sich vor, dass Jesus auf dem Stuhl an ihrem Bett sitzt, auf dem ich jetzt sitze. Und dann sprechen Sie zu ihm, so wie Sie jetzt zu mir sprechen." Beim nächsten Besuch sagte der Kranke: „Ich mache es so, wie Sie gesagt haben. Und es hilft mir, ich stelle mir das so vor, dass Jesus da sitzt." Das nächste Mal kam der Pfarrer am Tag, nachdem der Kranke verstorben war. Die Krankenschwester erzählte ihm: „Er ist ganz ruhig und friedlich eingeschlafen. Nur eine Sache war seltsam. Als wir ihn gefunden haben, da lag sein Kopf auf dem Stuhl, der neben dem Bett stand. So, als ob er seinen Kopf bei jemandem auf den Schoß gelegt hätte. Aber da saß doch keiner auf dem Stuhl."

Saß da wirklich keiner? Oder hat der Sterbende nicht vielmehr etwas von dem erfahren hat, was Paulus sagt: Dass Christus im Leben bei ihm ist und dass er im Tod ganz bei ihm ankommt.

Das war die Hoffnung, das war die Sehnsucht des Paulus. Eine Hoffnung, die ihn nicht lebensmüde und weltvergessen gemacht hat. Im Gegenteil. Der Himmel ist zwar für Paulus der schönere Ort, aber die Erde ist der Ort, an den Gott ihn jetzt gestellt hat. Der Ort, den er in guten Tagen genießen darf und den er an schlechten Tagen auszuhalten hat. Und an dem er mit Jesus und für Jesus wirken darf und soll. Gegen Resignation und Lebensmüdigkeit helfen zwei Dinge, die wir bei Paulus lernen können: Die große Perspektive, die Hoffnung über das Leben hinaus. Und die Erfahrung, dass ich gebraucht werde, dass Gott mich in diesem Leben gebrauchen will. Eines, wozu Gott uns gebrauchen will, möchte ich an diesem Tag besonders herausstellen: Die Aufgabe nämlich, Trauernde zu trösten, ihnen Verständnis und Nähe zu schenken. Ihnen immer wieder zuzuhören, wenn sie von ihrer Traurigkeit erzählen wollen. Und nicht fünf Monate nach einem Todesfall signalisieren: „Jetzt muss das mit dem Trauern aber bald mal wieder gut sein."

Wenn Sie selbst Trauer und Abschiedsschmerz erlebt haben, dann sind Sie vielleicht besonders dazu in der Lage, einem anderen in seiner Trauer und in seinem Schmerz nahe zu sein.

Und dabei zu merken: Das tut mir ja selbst gut, hilft mir selbst gegen meine Müdigkeit und Resignation. Der amerikanische Psychiater Morgan Scott Peck erzählt einmal, dass eine Frau, die unter schweren Depressionen litt, einen Behandlungstermin bei ihm absagte, weil ihr Auto kaputt war. Er sagte ihr, er könne sie auf dem Weg in seine Praxis abholen, aber er müsse dann noch kurz im Krankenhaus vorbei und ein paar Patienten besuchen. So lange müsse sie im Wagen warten. Am Krankenhaus hatte er eine andere Idee. Er gab ihr die Namen von zwei Patientinnen, die im Krankenhaus lagen, und bat sie, die zu besuchen. Als er die Frau nach einer Stunde wiedertraf, strahlte die richtig und erzählte, wie sich die Patientinnen über ihren Besuch gefreut hatten und dass sie ihnen wirklich Mut machen konnte. Das hätte ihr selbst unheimlich gut getan, sie fühle sich wunderbar. - Das ist eine Erfahrung, die viele Menschen machen: Eigenes Leid und Traurigkeit qualifiziert uns dazu, andere zu trösten. Und wo wir das tun, da geht es uns auch selbst besser. Leider geht die Geschichte von dieser Frau noch etwas weiter. Als der Psychiater der Frau sagte: „Das ist ja schön, da haben wir ja eine Methode gefunden, wie wir Ihnen helfen können", da antwortete sie geradezu empört: „Erwarten Sie

etwa von mir, dass ich jetzt jeden Tag Krankenbesuche mache?" Das ist schon tragisch: Das, was ihr eigentlich gut tut, dazu ist die Frau nicht bereit. Das, was uns selbst wirklich gut tut gegen Resignation und Müdigkeit, das ist, wenn wir uns für andere einsetzen. Wie Jesus es uns aufgetragen hat, so wie Paulus es getan hat.
„Christus ist mein Leben und Sterben ist mein Gewinn."
Das sind die Worte des Paulus, nicht unsere. Für uns sind sie wohl einige Schuhnummern zu groß. Aber vielleicht, hoffentlich lernen wir, es so zu sagen: Jesus ist in meinem Leben wichtig. Ich versuche, mich nach ihm zu richten. Und durch ihn habe ich Hoffnung über den Tod hinaus – für mich und für meine Lieben.

Amen

Printed by Books on Demand GmbH, Norderstedt / Germany